이 책을 펴내며

우리나라는 전통적으로 쌀을 주식으로 해왔지만 바쁜 생활 패턴을 요구하는 현대 사회로 오면서 빵과 과자류가 주식의 개념으로 확대 보급되고 있습니다. 더불어 이 분야에 대한 관심이 급증하면서 홈베이킹 및 창업을 생각하는 분들이 많아지고 있는 추세입니다. 따라서 제과제빵에 관심 있는 분들과 자격증 취득을 준비하는 분들을 위해 제과제빵의 기본원칙에 충실하여 이 교재를 출간하게 되었습니다.

이 교재는 새롭게 바뀐 제과제빵 기능사 실기시험의 출제기준에 맞추어 제과기능장인 저자들의 오랜 강의 노하우와 현장경험을 바탕으로 시험합격률 및 제과제빵에 대한 이해도를 최대한 높이려 하였습니다. 또한 실기시험장의 여건과 시험시간을 고려하여 발효시간 등을 조절함으로써 실기시험에 최대한 도움이 되도록 하였습니다.

특히, 부록으로

첫째. 해당 실기과제에 대한 응용과제를 수록하여 자격증 취득 및 베이커리 창업에 도움이 되도록 활용의 폭을 넓혔습니다.
둘째. 실기 핵심노트를 수록하여 제조공정에 대한 전반적인 내용을 한 번에 파악할 수 있도록 하였습니다.

끝으로 그 동안 이 교재의 제작에 도움을 준 제과제빵학과 학생들과 도서출판 미림원에 깊은 감사의 말을 전하면서 제과제빵을 공부하시는 분들에게 많은 도움이 되기를 기원합니다.

제과기능장 저자 일동 올림

실기시험요령

1. 실기시험 원서접수 방법

접수기간 내에 인터넷을 이용한 원서접수를 하며 비회원의 경우 우선 회원 가입을 한다.
– 반드시 사진을 등록 후 접수

2. 개인위생

※ 위생상태 및 안전관리 세부기준 안내(기능사, 산업기사 공통 적용), www.q-net.or.kr

구분	세부기준	채점기준
위생복 상의	• 전체 흰색, 기관 및 성명 등의 표식이 없을 것 • 팔꿈치가 덮이는 길이 이상의 7부·9부·긴소매(수험자 필요에 따라 흰색 팔토시 가능) • 상의 여밈은 위생복에 부착된 것이어야 하며 벨크로(일명 찍찍이), 단추 등의 크기, 색상, 모양, 재질은 제한하지 않음 (단, 금속성 부착물·뱃지, 핀 등은 금지) • 팔꿈치 길이보다 짧은 소매는 작업 안전상 금지 • 부직포, 비닐 등 화재에 취약한 재질 금지	• 미착용, 평상복(흰티셔츠 등), 패션모자(흰털모자, 비니, 야구모자 등) → 실격 • 기준 부적합 → 위생 0점 – 제과용/식품가공용이 아닌 경우(화재에 취약한 재질 및 실험복 형태의 영양사·실험용 가운은 위생 0점) – (일부)유색/표식이 가려지지 않은 경우 – 반바지·치마 등 – 위생모가 뚫려있어 머리카락이 보이거나, 수건 등으로 감싸 바느질 마감처리가 되어있지 않고 풀어지기 쉬워 일반 제과제빵 작업용으로 부적합한 경우 등 – 위생복의 개인 표식(이름, 소속)은 테이프로 가릴 것 – 제과제빵·조리 도구에 이물질 (예, 테이프) 부착 금지
위생복 하의 (앞치마)	• 「흰색 긴바지 위생복」 또는 「(색상 무관) 평상복 긴바지 + 흰색 앞치마」 – 흰색 앞치마 착용 시, 앞치마 길이는 무릎 아래까지 덮이는 길이일 것 – 평상복 긴바지의 색상·재질은 제한이 없으나, 부직포·비닐 등 화재에 취약한 재질이 아닐 것 – '반바지·치마·폭넓은 바지' 등 안전과 작업에 방해가 되는 복장은 금지	
위생모	• 전체 흰색, 기관 및 성명 등의 표식이 없을 것 • 빈틈이 없고, 일반 제과점에서 통용되는 위생모(크기 및 길이, 재질은 제한 없음) – 흰색 머릿수건(손수건)은 머리카락 및 이물에 의한 오염 방지를 위해 착용 금지	
마스크	• 침액 오염 방지용으로, 종류는 제한하지 않음 (단, 감염병 예방법에 따라 마스크 착용 의무화 기간에는 '투명 위생 플라스틱 입가리개'는 마스크 착용으로 인정하지 않음)	미착용 → 실격
위생화 (작업화)	• 색상 무관, 기관 및 성명 등의 표식 없을 것 • 조리화, 위생화, 작업화, 운동화 등 가능(단, 발가락, 발등, 발뒤꿈치가 모두 덮일 것) • 미끄러짐 및 화상의 위험이 있는 슬리퍼류, 작업에 방해가 되는 굽이 높은 구두, 속 굽 있는 운동화 금지	기준 부적합 → 위생 0점
장신구	• 일체의 개인용 장신구 착용 금지(단, 위생모 고정을 위한 머리핀은 허용) • 손목시계, 반지, 귀걸이, 목걸이, 팔찌 등 이물, 교차오염 등의 식품위생 위해 장신구는 착용하지 않을 것	

구분	세부기준	채점기준
두발	• 단정하고 청결할 것, 머리카락이 길 경우 흘러내리지 않도록 머리망을 착용하거나 묶을 것	기준 부적합 → 위생 0점
손 / 손톱	• 손에 상처가 없어야하나, 상처가 있을 경우 보이지 않도록 할 것(시험위원 확인 하에 추가 조치 가능) • 손톱은 길지 않고 청결하며 매니큐어, 인조손톱 등을 부착하지 않을 것	
위생관리	• 재료, 조리기구 등 조리에 사용되는 모든 것은 위생적으로 처리하여야 하며, 제과제빵용으로 적합한 것일 것	
안전사고 발생 처리	• 칼 사용(손 빔) 등으로 안전사고 발생 시 응급조치를 하여야 하며, 응급조치에도 지혈이 되지 않을 경우 시험 진행 불가	−

※ 일반적인 개인위생, 식품위생, 작업장 위생, 안전관리를 준수하지 않을 경우 감점처리 될 수 있습니다.

3. 수험자 유의사항

(1) 항목별 배점은 제조공정 55점, 제품평가 45점입니다.
(2) 시험시간은 재료 전처리 및 계량시간, 제조, 정리정돈 등 모든 작업과정이 포함된 시간입니다(감독위원의 계량확인 시간은 시험시간에서 제외).
(3) 수험자 인적사항은 검은색 필기구만 사용하여야 합니다. 그 외 연필류, 유색 필기구, 지워지는 펜 등은 사용이 금지됩니다.
(4) 시험 전과정 위생수칙을 준수하고 안전사고 예방에 유의합니다.
　① 시작 전 간단한 가벼운 몸 풀기(스트레칭) 운동을 실시한 후 시험을 시작하십시오.
　② 위생복장의 상태 및 개인위생(장신구, 두발·손톱의 청결 상태, 손씻기 등)의 불량 및 정리 정돈 미흡 시 위생항목 감점처리됩니다.
(5) 다음 사항은 실격에 해당하여 채점 대상에서 제외됩니다.
　① 수험자 본인이 수험 도중 시험에 대한 포기 의사를 표현하는 경우
　② 위생복 상의, 위생복 하의(또는 앞치마), 위생모, 마스크 중 1개라도 착용하지 않은 경우
　③ 시험시간 내에 작품을 제출하지 못한 경우
　④ 수량(미달), 모양을 준수하지 않았을 경우
　　• 요구사항에 명시된 수량 또는 감독위원이 지정한 수량(시험장별 팬의 크기에 따라 조정 가능)을 준수하여 제조하고, 잔여 반죽은 감독위원의 지시에 따라 별도로 제출하시오.
　　• 지정된 수량 초과, 과다 생산의 경우는 총점에서 10점을 감점합니다.(단, 'O개 이상'으로 표기된 과제는 제외합니다.)
　　• 반죽 제조법(공립법, 별립법, 시퐁법 등)을 준수하지 않은 경우는 제조공정에서 반죽 제조 항목을 0점 처리하고, 총점에서 10점을 추가 감점합니다.
　⑤ 상품성이 없을 정도로 타거나 익지 않은 경우
　⑥ 지급된 재료 이외의 재료를 사용한 경우
　⑦ 시험 중 시설·장비의 조작 또는 재료의 취급이 미숙하여 위해를 일으킬 것으로 감독위원 전원이 합의하여 판단한 경우
(6) 의문 사항이 있으면 감독위원에게 문의하고, 감독위원의 지시에 따릅니다.

4. 수험자 요구사항

• 재료계량(재료당 1분) → [감독위원 계량확인] → 작품제조 및 정리정돈(전체시험시간 − 재료계량시간)
• 재료계량 시간내에 계량을 완료하지 못하여 시간이 초과된 경우 및 계량을 잘못한 경우는 추가의 시간 부여 없이 작품 제조 및 정리정돈 시간을 활용하여 요구사항의 무게대로 계량
• 달걀의 계량은 감독위원이 지정하는 개수로 계량

제과기능장이 전하는 >>> 제과제빵 실기

Part 01 제과제빵 실기 제법 page 009

Part 02 제과편 page 021

unit		page
001	버터 스펀지 케이크(공립법)	022
002	버터 스펀지 케이크(별립법)	024
003	젤리 롤 케이크	026
004	소프트 롤 케이크	028
005	초코 롤 케이크	030
006	흑미 롤 케이크(공립법)	032
007	시퐁 케이크(시퐁법)	034
008	과일 케이크	036
009	파운드 케이크	038
010	마데라 (컵) 케이크	040
011	초코머핀(초코컵 케이크)	042
012	브라우니	044
013	슈	046
014	버터 쿠키	048
015	쇼트 브레드 쿠키	050
016	다쿠와즈	052
017	마드레느	054
018	타르트	056
019	호두파이	058
020	치즈케이크	060

Part 03 제빵편 page 063

unit		page
001	식빵(비상스트레이트법)	064
002	우유식빵	066
003	풀만식빵	068
004	옥수수식빵	070
005	버터톱 식빵	072
006	밤식빵	074
007	호밀빵	076
008	통밀빵	078
009	단과자빵(트위스트형)	080
010	단과자빵(소보로빵)	082
011	단과자빵(크림빵)	084
012	단팥빵(비상스트레이트법)	086
013	버터롤	088
014	스위트롤	090
015	빵도넛	092
016	그리시니	094
017	모카빵	096
018	베이글	098
019	소시지빵	100
020	쌀식빵	102

Contents

Part 04 산업기사 실기 공개 & 예상 품목   page 105

제과

unit		page
001	아몬드제노와즈	106
002	멥쌀 스펀지 케이크(공립법)	108
003	밤과자	110
004	마카롱 쿠키	112
005	퍼프 페이스트리	114
006	사과파이	116
007	찹쌀 도넛	118

제빵

unit		page
001	잉글리시 머핀	120
002	브리오슈	122
003	더치빵	124
004	프랑스빵	126
005	페이스트리 식빵	128
006	데니시 페이스트리	130

Part 05 제과제빵 응용 제품   page 133

제과 응용 제품

unit	page
생크림 케이크	134
당근 롤 케이크	135
초코 시폰 케이크	136
시폰 컵 케이크 초코 / 녹차 컵 케이크 황 치즈 머핀	137
백조 모양 슈, 비스킷 슈	139
계피만주	140
동물 모양 쿠키	141
이탈리안 머랭형 마카롱	142
허니 / 오렌지 마드레느	143
잎 파이	144
타르트 3종 (무화과, 살구, 딸기)	145
크림 치즈 케이크	146
피넛 쿠키	147
아이싱쿠키	148

제빵 응용 제품

unit	page
녹차 마블 식빵	149
우유 모닝 롤 빵	150
흑미 모닝빵	151
곡물 식빵	152
스위트 콘 빵	153
앙금 와플	154
뺑 오 레장	155
삼색 맘모스 빵	156
초코 크림 소라빵	157
완두앙금 빵	158
비엔나 롤 빵	159
킹 브레드	160
브리오슈 샌드위치	161
마늘 빵, 바게트 피자	162
시나몬 베이글	163
포카치아	164

부록 손안에 핵심노트

제과기능장이 전하는
제과제빵 기능사 실기 >>>

제과제빵 실기 제법

Part 01

Part 01 제과제빵 실기 제법

01 제과 제법

* 반죽형(Batter Type) ─ 크림법 (Creaming method)
  ├ 블렌딩법 (Blending method)
  └ 복합법 (Combined method)

* 거품형(Foam Type) ─ 공립법 (Sponge method)
  ├ 별립법 (Separated egg sponge method)
  └ 시퐁법 (Chiffon Type)

1. 반죽형 케이크

비중 0.75~0.85 상태를 보이는 반죽으로 밀가루, 유지, 설탕, 달걀을 기본으로 많은 유지와 화학팽창제가 사용된다.

(1) 크림법 (Creaming method)

반죽형 반죽에서 부피가 큰 제품을 만들기 위해 사용하는 제법으로 케이크 제조 시에는 설탕을 완전히 녹여야 하므로 스크래핑에 주의해야 한다.

▶ 유지를 부드럽게 풀어준다 → 설탕, 소금을 넣고 휘핑한다 → 달걀이 분리되지 않도록 분할 투입하고 설탕을 녹여주며 크림화한다 → 가루재료를 체 쳐서 혼합한다 → 반죽 완료 시 비중을 확인한다

(2) 블렌딩법 (Blending method)

제품에 부드러운 유연감을 주기 위해서 사용하는 제법으로 제과기능사 품목의 데블스 푸드케이크에 사용되는 방법이다.

▶ 유지와 밀가루를 먼저 피복하고 → 건조재료 → 액체재료의 일부를 넣어 혼합 → 나머지 액체재료를 넣어 반죽을 완성한다.

(3) 복합법 (Combined method)

크림법과 별립법이 혼합된 방법으로 기능사 품목의 과일케이크가 그 예이다.

▶ 달걀을 분리 → 노른자와 유지는 크림법 → 흰자와 설탕 일부는 머랭을 제조 → 두 가지를 별립법의 혼합순서로 반죽하여 제품을 완성

2. 거품형 케이크

비중 0.45~0.55의 상태를 보이며 달걀 단백질의 신장성과 변성을 이용하는 제법으로 스펀지 케이크, 롤케이크, 머랭 등 다양한 제품이 있다.

(1) 공립법 (Sponge method)

전란에 설탕을 넣고 거품을 내는 방법으로 거품의 기공이 미세하고 부드러운 크림과 같은 상태로 완성되므로 촉촉한 상태를 원하는 제품에 사용한다.

① 더운 믹싱법 : 달걀과 설탕, 소금을 중탕으로 40~43℃까지 데워서 설탕이 모두 녹고 거품의 부피를 올리기가 용이하도록 하는 방법이다.

② 일반 믹싱법 : 실온(22~24℃)에서 달걀을 풀어주고 설탕과 소금을 넣어 거품을 올리고 가루재료를 혼합하는 방법으로 믹싱시간은 좀더 걸리지만 안정적이다.

▶ 공립법(Sponge method)

(2) 별립법 (Separated egg sponge method)

달걀을 흰자와 노른자로 분리하여 각각을 휘핑하여 올리는 방법

▶ 달걀분리 → 노른자+설탕, 소금 휘핑 → 흰자+설탕으로 머랭 제조(중간피크) → 노른자반죽+머랭 1/2~1/3 섞어 수분을 준다 → 체 친 밀가루 → (유지는 일부 밀가루와 혼합 후 투입) → 나머지 머랭

(3) 시퐁법 (Chiffon Type)

공립법과 별립법의 장점을 이용하기 위한 방법으로 달걀을 분리하여 노른자는 휘핑하지 않고 나머지 재료와 혼합하고 흰자는 머랭을 만들어 부드러움과 부피감을 동시에 기대한다.

▶ 달걀분리 → 노른자+설탕, 소금+가루재료, 유지 → 흰자+설탕+주석산으로 머랭 제조 → 반죽에 머랭 2~3회 나누어서 혼합

비중 (Specific gravity)

케이크의 균일성과 특성에 중요한 요소로서 반죽내의 공기 혼입 정도를 의미하며 제품의 부피와 내부기공과 조직에 결정적인 영향을 준다.

■ **비중의 계산**

- 비중컵의 무게를 측정한다.
- 비중컵의 무게를 영점을 눌러 0이 되게한다.
- 물을 넣고 무게를 측정한다.
- 동일한 비중컵에 반죽을 담고 무게를 측정한다.
- 같은 부피의 반죽 무게 / 같은 부피의 물 무게

▶ 비중컵의 무게를 측정한다.

▶ 물을 넣고 무게를 측정한다.

▶ 동일한 비중컵에 반죽을 담고 무게를 측정한다.

02 제빵 제법

1. 스트레이트법 (Straight dough method)

모든 재료를 믹서에 넣고 한 번에 반죽을 끝내는 방법으로 소규모 제과점에서 사용하는 방법이다.

▶ **장 · 단점 비교(스펀지 도우법과 비교 시)**

장점	단점
1. 공정이 단순하다. 2. 장소와 장비가 간단하다. 3. 노동력과 시간이 절약된다. 4. 발효손실이 감소한다.	1. 공정의 수정이 어렵다. 2. 발효 내구성이 약하다. 3. 제품의 부피가 적다. 4. 노화 속도가 빠르다.

2. 비상 스트레이트법(Emergency straight dough method)

필수 조치사항과 선택적 조치사항을 실시함으로 제조시간을 단축시키고 비상 시 상황대처를 하도록 하는 공정이지만 향, 맛, 저장성이 떨어지고 노화가 빠른 문제를 가지고 있다.

▶ **필수조치사항**

물 1% 증가, 설탕 1% 감소, 반죽시간 20~30% 증가, 이스트 25~50%, 반죽온도 30℃, 1차 발효시간의 단축(15~30분)을 고려하여 반죽한다.

※ 시험 시 지급되는 배합표에는 물, 설탕, 이스트는 필수 조치사항을 고려하여 변경되어 있으므로, 작업 시에는 반죽시간과 반죽온도, 1차 발효시간을 주의하도록 한다.

3. 제빵의 기본공정

계량 → 반죽제조 → 1차 발효 → 정형 (분할-둥글리기-중간 발효-성형-패닝) → 2차 발효 → 굽기 → 냉각 → 포장

(1) 계량

(2) 반죽제조 : 재료의 균일한 분산과 혼합, 수화 글루텐의 발전이 목적이다.

① 픽업 (Pick up stage) : 재료의 혼합과 수화 (데니시 페이스트리)

② 클린업 (Clean up stage) : 믹서의 내부가 깨끗해지는 단계 (장시간 발효빵, 유지투입, 후염법의 시기)

③ 발전 (Development stage) : 최대의 탄력성 증가로 에너지 필요 (프랑스빵, 공정이 많은 빵)

④ 최종 (Final stage) : 최대의 탄력성과 신장성 (대부분의 빵)

⑤ 렛다운 (Let down stage) : 탄력성은 감소하고 신장성이 증가 (틀 사용 햄버거, 잉글리시머핀)

⑥ 파괴 (Break down stage) : 글루텐이 결합하지 못하고 끊어지는 단계

(3) 1차 발효

온도 27℃, 상대습도 75~80%, 부피는 3~3.5배 증가

▶ 발전단계

▶ 최종단계

▶ 1차 발효 완료 확인

(4) 정형

① 분할 : 10~15분 정도의 빠른 속도로 분할

② 둥글리기 : 분할 시 생긴 상처와 큰 기포를 제거하고 매끄러운 상태로 만든다.

③ 중간 발효 : 온도 27~29℃, 상대습도 75% 정도, 시간 10~15분

④ 성형 : 밀기, 말기, 봉하기 (3겹접기, 원로프형)

⑤ 패닝 : 온도 32℃가 적당. 이음매의 위치를 정확히 하고 간격을 잘 맞춘다.

▶ 분할

▶ 손분할

▶ 둥글리기

▶ 무게 측정

▶ 밀기

▶ 산형 식빵 정형

▶ 패닝

▶ 밀기

▶ 원루프형 정형

▶ 정형완료

▶ 패닝

(5) 2차 발효

온도 37~43℃, 상대습도 80~85%, 품목에 따라 적절한 시간으로 글루텐의 숙성과 팽창을 돕는다.

(6) 굽기

적절한 온도와 시간, 오븐에 넣는 팬의 간격도 고려하여 조치한다.

▶ 2차 발효 완료

제과제빵 실기 제법

(7) 냉각
빵 속의 온도를 35~40℃로 식힌다.

(8) 포장
제품의 상태와 가치를 최대로 보호하기 위해 적절한 재료 또는 용기를 사용한다.

03 여러 가지 팬 준비 및 짤주머니 접

1. 사각 철판
식품위생지의 네 모서리에 가위집을 균일하게 내고, 겹치도록 하여 팬의 높이에 일정하게 맞도록 자리를 잡아 눌러 준다.

2. 원형팬
① 원형 틀을 종이에 올리고 펜을 사용하여 모양을 그려 재단한다.
② 옆면은 팬 높이보다 1~2cm 정도 올라가도록 접어 잘라주고 아랫부분을 1cm 정도 다시 접어서 어슷하게 가위집을 내어준다.

▶ 원형 그리기   ▶ 원형 오리기

 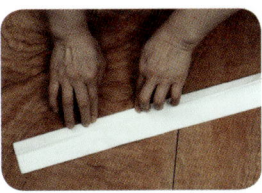 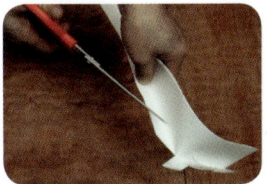

▶ 옆면 높이 재기   ▶ 아랫부분 접기   ▶ 아래부분 가위집 넣기

③ 옆면 종이를 넣어 고르게 자리 잡고 원형지를 깔아서 완성한다.
④ 팬 위로 0.5~1cm 올라가도록 한다.

▶ 옆면을 먼저 깔기　　▶ 바닥 원형 깔기　　▶ 완성

3. 파운드팬

위생지를 팬의 길이와 넓이로 자르고 위쪽과 아래쪽에 2부분씩 가위집을 넣고 틀에 맞추어 넣으며 가운데 종이가 사이에 들어가도록 한다.

 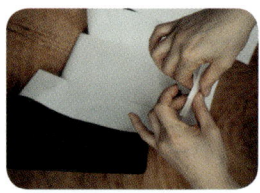  

▶ 팬의 높이에 맞게 자른다　　▶ 가위집을 넣기　　▶ 완성

4. 다쿠아즈팬

사각철판에 실리콘 페이퍼 or 테프론 시트지를 깔고 그 위에 다쿠아즈 팬을 올려 사용한다.

5. 종이 짤주머니 만들기

① 위생지를 삼각형으로 자른다.

② 밑변과 꼭지점의 위치에 주의하면서 깔대기 모양으로 끝 부분에 틈이 없도록 잘 말아준다.

③ 사용 시 내용물을 넣고 입구를 막은 후 끝부분을 필요한 크기로 잘라서 사용한다.

▶ 삼각형으로 잘라 말기　　▶ 끝부분에 틈에 없도록 말기

제과제빵 실기 제법

04 제과 제빵 도구

1. 저울
① 정확한 재료의 계량을 위해 필요한 도구로 그램(g)을 단위로 한다.
② 디지털 저울이 많이 사용되는데, 수평을 유지하고 충격을 주지 않도록 주의하여 사용한다.

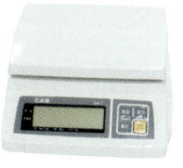
▲ 저울

2. 평철판
롤 케이크나 쿠키, 단과자빵 등을 구울 때 사용하며, 사용 후 마른 천을 이용하여 닦아 보관하여야 한다.

▲ 평철판

3. 원형팬
원형 케이크를 제조 시 사용하는 팬으로 식품용 종이를 재단하여 깔고 사용하며, 지름을 기준으로 1호는 15cm부터 숫자가 커질수록 팬의 크기도 커진다.

▲ 원형팬

4. 사각팬
식빵이나 파운드 케이크용 팬, 풀먼 식빵용 팬 등이 있으며, 사용 후 마른천을 이용하여 닦아 보관한다.
① 식빵팬
② 파운드 케이크용 팬
③ 풀먼 식빵용 팬(샌드위치 식빵)

▲ 식빵팬　▲ 파운드 케이크용 팬　▲ 풀먼 식빵용 팬(샌드위치 식빵)

5. 시폰팬
가운데 구멍을 내어 열 전달이 용이하도록 만들어진 팬으로, 두 부분으로 분리되며 물을 뿌리거나 팬 스프레드를 바른 후 사용한다.

6. 머핀팬
각종 머핀의 제조 시 사용되며 속지를 끼워 사용한다.

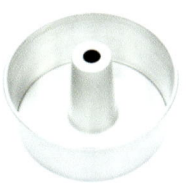 
▲ 시폰팬　　▲ 머핀팬

7. 마드레느 팬
마드레느 제조 시 사용하며 조개 모양으로 사용 시에는 팬 오일이나 팬 스프레드를 뿌려 팬에서의 이탈이 쉽도록 한다.

▲ 마드레느 팬

8. 다쿠아즈팬
다쿠아즈 제조 시 사용하며 평철판 위에 다쿠아즈 팬을 다시 올려서 사용한다.

9. 바게트팬
바게트 제조 시 사용하는 타공 팬으로 바게트의 모양을 잡아준다.

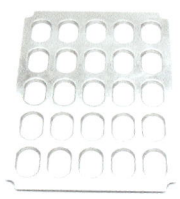 

▲ 다쿠아즈팬　　▲ 바게트팬

10. 브리오슈 팬
브리오슈 제조 시 사용하는 팬으로 낱개의 팬은 철판 위에 올려서 사용한다.

11. 커터, 타르트팬
① 커터 – 쿠키용 주름커터
② 타르트팬 – 타르트용 주름 팬으로 몸체와 분리 되어 편리하게 사용할 수 있다.

▲ 브리오슈 팬　　▲ 커터, 타르트팬

12. 냉각팬(타공팬)
빵이나 쿠키, 케이크의 냉각 시 사용하며 보관용 랙에 올릴 수 있다.

13. 믹싱 볼
반죽 제조 시 거품을 내거나 재료의 혼합 등에 사용한다.

▲ 믹싱 볼　　▲ 냉각팬(타공팬)

14. 주걱
효과적인 반죽의 혼합과 재료의 손실이 적도록 적절하게 사용한다.

15. 분당체, 거품기
① 분당체 – 분당(슈거파우더)와 같은 재료를 체 치거나 장식용 가루를 뿌려줄 때 사용한다.
② 거품기 – 달걀 거품을 내거나 유지를 부드럽게 할 때 사용한다.

▲ 주걱　　▲ 분당체, 거품기

16. 스크레이퍼
빵 반죽의 분할이나 케이크 반죽을 수평으로 만들 때 사용한다.

▲ 스크레이퍼

17. 붓, 파이 칼
① 붓 – 식용 붓으로 시럽, 계란 물, 용해버터를 바를 때 사용한다.
② 파이 칼 – 반죽의 재단에서 절단면을 깨끗하게 잘라내기 위해 사용한다.

▲ 붓, 파이 칼

제과제빵 실기 제법

18. **앙금빵 정형기, 앙금주걱(헤라), 스패튤러**
    ① 앙금빵 정형기 – 앙금빵의 중앙에 구멍을 내는 용도로 사용한다.
    ② 앙금주걱(헤라) – 앙금이 들어가는 제품에 내용물을 충전하기 위해 사용한다.
    ③ 스패튤러 – 케이크를 아이싱 하거나 장식을 할 때 사용하는 도구

▲ 앙금빵 정형기, 앙금주걱(헤라), 스패튤러

▲ 돌림판

19. **돌림판**
    케이크의 매끄러운 아이싱과 장식을 효과적으로 하기 위한 도구이다.

20. **짤주머니, 모양깍지**
    필요한 모양의 깍지를 앞에 끼워 크림,
    과자반죽 등을 모양내기 위한 도구이다.

21. **믹서용 도구**
    믹서에 끼워 빵, 과자, 케이크 등 제품에 따라 사용하며,
    혼합과 공기혼입을 위한 도구이다.

▲ 짤주머니, 모양깍지

▲ 믹서용 도구 – 훅, 휘퍼, 비터

22. **믹서**
    훅, 휘퍼, 비터를 사용하여 많은 양의 작업을 할 수 있도록 하는 기계이다.

23. **발효실**
    제빵 제조 시 제품에 따라 적절한 온도와 습도를 유지하도록 하는 기계이다.

24. **오븐(데크오븐)**
    제과, 제빵 제품 제조 시 굽는 과정을 하는 기계로,
    오븐의 특성을 파악하고 온도 조절기를 적절하게 사용하여
    최상의 제품이 생산되도록 한다.

▲ 믹서

▲ 오븐(데크오븐)

▲ 발효실

제과기능장이 전하는
제과제빵 기능사 실기 >>>
제과편

Part 02

unit		page
001	버터 스펀지 케이크(공립법)	022
002	버터 스펀지 케이크(별립법)	024
003	젤리 롤 케이크	026
004	소프트 롤 케이크	028
005	초코 롤 케이크	030
006	흑미 롤 케이크(공립법)	032
007	시퐁 케이크(시퐁법)	034
008	과일 케이크	036
009	파운드 케이크	038
010	마데라 (컵) 케이크	040
011	초코머핀(초코컵 케이크)	042
012	브라우니	044
013	슈	046
014	버터 쿠키	048
015	쇼트 브레드 쿠키	050
016	다쿠와즈	052
017	마드레느	054
018	타르트	056
019	호두파이	058
020	치즈케이크	060

unit 001 버터 스펀지 케이크(공립법)
Butter sponge cake

달걀의 노른자와 흰자를 한꺼번에 넣어 거품내는 제법으로 일반적으로 데커레이션 케이크로 많이 사용하는 제품이다.

⏱ 1시간 50분

✓ 요구사항

※ 버터 스펀지 케이크(공립법)를 제조하여 제출하시오.

1. 배합표의 각 재료를 계량하여 재료별로 진열하시오. (6분)
2. 반죽은 공립법으로 제조하시오.
3. 반죽온도는 25℃를 표준으로 하시오.
4. 반죽의 비중을 측정하시오.
5. 제시한 팬에 알맞도록 분할하시오.
6. 반죽은 전량을 사용하여 성형하시오.

재료명	비율(%)	무게(g)
박력분	100	500
설탕	120	600
달걀	180	900
소금	1	5(4)
바닐라향	0.5	2.5(2)
버터	20	100
계	421.5	2107.5(2106)

🔄 제조공정 (공립법)

1. 반죽하기
① 달걀을 풀어준 후 설탕, 소금을 넣고 고속으로 충분히 휘핑한다.
  (겨울철에는 중탕으로 43℃ 정도로 데운 후 휘핑한다)
② 거품기 자국이 나고 연한 미색이 되면, 중속으로 다듬어 준다.
③ 박력분과 향을 체에 친 후 넣고 가볍게 혼합한다.
④ 용해 버터(60℃)를 넣고 골고루 혼합한다.(반죽온도 25℃, 비중 0.55 ±0.05)

2. 패닝하기
원형팬에 종이를 깔고 60% 정도 담아 윗면을 다듬는다.

3. 굽기
윗불 180℃, 아랫불 160℃, 25분~30분 정도.

▶ 달걀+설탕+소금 중탕으로 데우기

▶ 거품자국이 나고 연한 미색 상태

▶ 밀가루 혼합

▶ 용해 버터 혼합

▶ 반죽 온도 측정

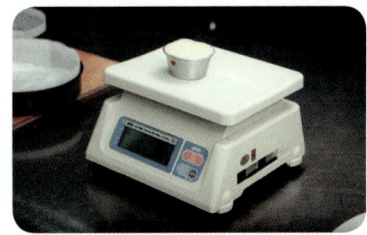
▶ 비중측정

▶ 패닝하기

▶ 큰 공기방울 제거 후 굽기

 **Tip**
1. 반죽의 온도가 너무 낮으면 달걀 휘핑 시 기포 형성이 적어 높은 비중의 제품이 되기 쉽다.
2. 달걀과 설탕을 혼합하고 중탕으로 데운 후(43℃) 휘핑하는 것이 기포 형성이 빠르고 작업이 용이하다.

unit 002 버터 스펀지 케이크(별립법)
Butter sponge cake

달걀을 노른자, 흰자로 분리하여 각 각 거품을 내어 혼합하는 제법의 케이크이다.

⏱ 1시간 50분

✅ 요구사항

※ 버터 스펀지 케이크(별립법)를 제조하여 제출하시오.

1. 배합표의 각 재료를 계량하여 재료별로 진열하시오. (8분).
2. 반죽은 별립법으로 제조하시오.
3. 반죽온도는 23℃를 표준으로 하시오.
4. 반죽의 비중을 측정하시오.
5. 제시한 팬에 알맞도록 분할하시오.
6. 반죽은 전량을 사용하여 성형하시오.

재료명	비율(%)	무게(g)
박력분	100	600
설탕(A)	60	360
설탕(B)	60	360
달걀	150	900
소금	1.5	9(8)
베이킹파우더	1	6
바닐라향	0.5	3(2)
용해버터	25	150
계	398	2388(2386)

제조공정 (별립법)

1. 반죽하기
① 달걀을 노른자와 흰자로 분리한다.
② 노른자를 풀어준 후, 설탕(A)과 소금을 넣고 연한 미색이 날 때까지 휘핑한다.
③ 흰자를 풀어준 후, 설탕(B)을 조금씩 넣으며 휘핑하여 90%의 머랭을 만든다.
④ 노른자 반죽에 머랭 1/2을 넣고 잘 혼합한다.
⑤ 박력분과 향을 체에 쳐서 넣고 혼합한다.
⑥ 용해 버터(60℃)를 넣고 혼합한 후, 나머지 머랭을 넣고 가볍게 혼합한다.
   (반죽온도 23℃, 비중 0.5 ±0.05)
⑦ 원형팬에 종이를 깔고 60% 패닝한다.

2. 굽기
윗불 180℃, 아랫불 160℃, 25~30분 정도.

▶ 노른자 휘핑

▶ 흰자 휘핑

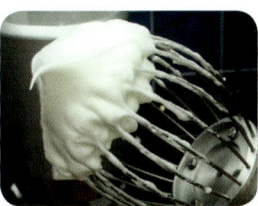
▶ 90% 머랭의 상태

▶ 노른자 반죽에 머랭을 투입

▶ 매끈하게 혼합

▶ 가루 재료 혼합

▶ 용해 버터 혼합

▶ 나머지 머랭 혼합

▶ 믹싱 완료

▶ 패닝

1. 달걀 분리 시 흰자에 노른자가 섞이지 않도록 주의한다.
2. 흰자 휘핑 시 과도한 머랭이 되지 않게 고속 휘핑 후, 중속으로 휘핑하는 것이 좋다.

젤리 롤 케이크
Jelly Roll cake

스펀지 케이크 반죽에 유지가 들어가지 않는 배합으로 평철판에 구워 잼을 발라 말아주는 제품이다.

⏱ 1시간 30분

✅ 요구사항

※ 젤리 롤 케이크를 제조하여 제출하시오.

1. 배합표의 각 재료를 계량하여 재료별로 진열하시오. (8분).
2. 반죽은 공립법으로 제조하시오.
3. 반죽온도는 23℃를 표준으로 하시오.
4. 반죽의 비중을 측정하시오.
5. 제시한 팬에 알맞도록 분할하시오.
6. 반죽은 전량을 사용하여 성형하시오.
7. 캐러멜 색소를 이용하여 무늬를 완성하시오. (무늬를 완성하지 않으면 제품 껍질 평가 0점처리)

재료명	비율(%)	무게(g)
박력분	100	400
설탕	130	520
달걀	170	680
소금	2	8
물엿	8	32
베이킹파우더	0.5	2
우유	20	80
바닐라향	1	4
계	431.5	1726
잼	50	200

🔄 제조공정 (공립법)

1. 반죽하기
① 달걀을 풀어준 후, 설탕 + 물엿, 소금을 넣고 고속으로 충분히 휘핑한다.
　(겨울철에는 중탕으로 43℃ 정도로 데운 후 휘핑한다)
② 거품자국이 나고 연한 미색이 되면, 중속으로 다듬어 준다.
③ 박력분과 향을 체친 후 나무 주걱으로 가볍게 혼합한다.
④ 우유를 넣고 골고루 혼합한다.(반죽온도 23℃, 비중 0.55 ±0.05)
⑤ 팬에 종이를 깔은 후 반죽을 붓고 평평하게 윗면과 두께를 다듬는다.
⑥ 소량의 반죽에 캐러멜 색소를 소량 넣어 색을 맞춘 후, 비닐 짤주머니에 넣고 반죽 윗면에
　지그재그로 무늬를 내고 나무젓가락을 이용하여 반대 방향으로 그어 무늬를 낸다.

2. 굽기
윗불 180℃, 아랫불 160℃, 15~20분 정도.

3. 말기
케이크 밑면을 위로 향하게 하여 잼을 바른 후 젖은 면보와 밀대를 사용하여 말아준다.

▶ 달걀 휘핑하기

▶ 가루재료 혼합

▶ 우유 넣고 혼합

▶ 철판에 패닝

▶ 두께 다듬기

▶ 캐러멜 반죽으로 짜기

▶ 무늬내기

▶ 밑면에 잼 바르기

▶ 면보를 이용하여 말기

▶ 완성

 Tip
1. 휘핑이 과하여 비중이 낮거나, 반대로 비중이 높은 경우, 오버 베이킹 상태의 경우, 케이크를 말아줄 때 표면이 터질 수 있으니 비중을 잘 맞추는 것이 중요하다.
2. 굽기 후, 뜨거울 때 즉시 말아준다.

소프트 롤 케이크
Soft Roll cake

스펀지 케이크 반죽에 유지를 넣어 부드러운 롤 케이크로 잼, 크림, 가나슈크림을 이용하여 다양한 제품으로 응용할 수 있다.

1시간 50분

✓ 요구사항

※ 소프트 롤 케이크를 제조하여 제출하시오.

1. 배합표의 각 재료를 계량하여 재료별로 진열하시오. (10분).
2. 반죽은 별립법으로 제조하시오.
3. 반죽온도는 22℃를 표준으로 하시오.
4. 반죽의 비중을 측정하시오.
5. 제시한 팬에 알맞도록 분할하시오.
6. 반죽은 전량을 사용하여 성형하시오.
7. 캐러멜 색소를 이용하여 무늬를 완성하시오.
   (무늬를 완성하지 않으면 제품 껍질 평가 0점처리)

재료명	비율(%)	무게(g)
박력분	100	250
설탕(A)	70	175(176)
물엿	10	25(26)
소금	1	2.5(2)
물	20	50
바닐라향	1	2.5(2)
설탕(B)	60	150
달걀	280	700
베이킹파우더	1	2.5(2)
식용유	50	125(126)
계	593	1482.5(1484)
잼	80	200

제조공정 (별립법)

1. 반죽하기
① 달걀을 노른자와 흰자로 분리한다.
② 노른자를 풀어준 후 설탕(A) + 물엿과 소금, 물을 넣고 휘핑하여 미색이 나도록 휘핑한다.
③ 흰자를 풀어준 후 설탕(B)을 조금씩 넣으며 휘핑하여 90%의 머랭을 만든다.
④ 노른자 반죽에 머랭 1/2을 넣고 잘 혼합한다.
⑤ 체친 박력분과 베이킹파우더, 향을 넣고 혼합한다.
⑥ 식용유를 넣고 혼합한 후 나머지 머랭을 넣고 가볍게 혼합한다. (반죽온도 22℃, 비중 0.5 ±0.05)
⑦ 팬에 종이를 깔고 반죽을 부은 후 평평하게 윗면과 두께를 다듬는다.
⑧ 소량의 반죽에 캐러멜 색소를 소량 넣어 색을 맞춘 후 비닐 짤주머니에 넣고 반죽 윗면에 지그재그로 무늬를 내고 나무젓가락이나 꼬지로 반대 방향으로 그어 무늬를 낸다.

2. 굽기
윗불 180℃, 아랫불 160℃, 15~20분 정도.

3. 말기
면보를 물에 적셔 꼭 짜서 작업대 바닥에 깔고 롤 케이크를 엎어 놓은 다음 잼을 고르게 발라 준 후 긴 밀대를 이용하여 말아준다.

▶ 노른자 휘핑

▶ 흰자 휘핑

▶ 노른자 반죽에 머랭 1/2 넣고 혼합

▶ 가루재료 혼합

▶ 식용유 혼합

▶ 패닝

▶ 두께 다듬기

▶ 소량의 반죽에 캐러멜 혼합

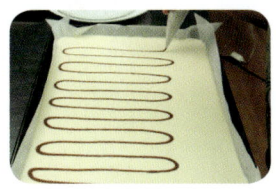
▶ 반죽 윗면에 짜기

▶ 나무젓가락으로 무늬내기

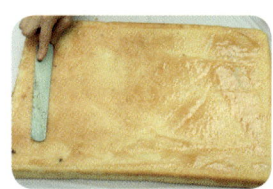
▶ 밑면에 잼 바르기

▶ 면보를 이용하여 말기

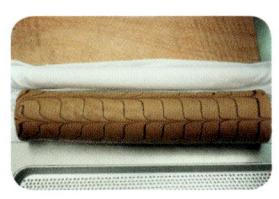
▶ 완성

Tip
1. 부드러운 롤 케이크는 굽기 후, 수축 현상이 일어나므로 언더 베이킹이 되지 않도록 굽기 완료직전, 온도를 낮추고 조금 더 구워 수분을 날린다.
2. 충분히 냉각 시킨 후, 말아야 한다.

초코 롤 케이크
Chocolate roll cake

코코아를 넣은 초코 스펀지 반죽에 초코 생크림으로 충전하여 만든 롤 케이크이다.

⏱ 1시간 50분

✅ 요구사항

※ **초코 롤 케이크를 제조하여 제출하시오.**
1. 배합표의 각 재료를 계량하여 재료별로 진열하시오(7분).
2. 반죽은 공립법으로 제조하시오.
3. 반죽온도는 24℃를 표준으로 하시오.
4. 반죽의 비중을 측정하시오.
5. 제시한 철판에 알맞도록 패닝하시오.
6. 반죽은 전량을 사용하시오.
7. 충전용 재료는 가나슈를 만들어 제품에 전량 사용하시오.
8. 시트를 구운 윗면에 가나슈를 바르고, 원형이 잘 유지되도록 말아 제품을 완성하시오.(반대 방향으로 롤을 말면 성형 및 제품평가 해당항목 감점)

재료명	비율(%)	무게(g)
박력분	100	168
달걀	285	480
설탕	128	216
코코아파우더	21	36
베이킹소다	1	2
물	7	12
우유	17	30
계	559	944

(※ 충전용 재료는 계량시간에서 제외)

다크커버츄어	119	200
생크림	119	200
럼	12	20

🔄 제조공정

1. 반죽하기
① 달걀을 풀어 준 후 설탕을 넣고 고속으로 충분히 휘핑한다.(겨울철에는 중탕으로 43℃ 정도로 데운 후 휘핑한다.)
② 마요네즈 정도의 되기가 되면, 중속으로 다듬어 준다.
③ 박력분과 코코아파우더, 베이킹소다를 같이 채 친 후 넣고, 나무주걱으로 가볍게 혼합한다.
④ 물과 우유를 넣고 골고루 혼합한다.(반죽온도 24℃, 비중 0.4 ±0.05)
⑤ 철판에 종이를 깔고 반죽 전량을 붓고 윗면을 다듬는다.

2. 굽기
윗불 200℃, 아랫불 160℃, 10분 정도.

3. 충전용 크림 제조
① 데운 생크림을 초콜릿에 넣고 혼합한다.
② 찬물에 받쳐 바르기 좋은 상태로 냉각한다.

4. 말기
면보를 물에 적셔 꼭 짜서 작업대 바닥에 깔고 롤 케이크를 엎어 윗면이 위로 향하게 놓은 후, 충전용 크림을 고르게 발라 준 다음, 긴 밀대를 이용하여 말아준다.

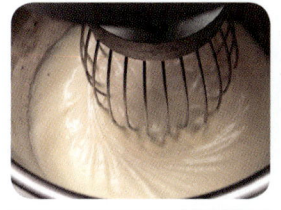
▶ 달걀에 설탕넣고 고속으로 휘핑하기

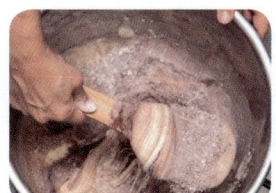
▶ 가루류 넣고 혼합

▶ 물과 우유넣고 혼합

▶ 철판에 패닝

▶ 다크 커버춰 초콜릿에 끓인 생크림을 넣고 녹인다.

▶ 매끄럽게 혼합 후 럼을 넣고 적당한 농도로 식힌다.

▶ 가나슈 바르기

▶ 밀대를 이용하여 말기

 **Tip**
1. 달걀을 중탕으로 데워(43℃) 설탕을 녹인 후 휘핑하는 것이 기포 형성이 빠르고 작업이 용이하다.
2. 밀가루와 코코아 파우더를 두번 체치고, 혼합 시 많이 휘젓지 않도록 하며 신속히 혼합하여 굽기 하여야 한다.

흑미 롤 케이크 (공립법)
Black rice roll cake

흑미 쌀가루를 이용하여 흑미 특유의 색과 풍미가 좋은 롤 케이크이다.

⏱ 1시간 50분

✅ 요구사항

※ 흑미 롤 케이크(공립법)를 제조하여 제출하시오.

1. 배합표의 각 재료를 계량하여 재료별로 진열하시오(7분).
2. 반죽은 공립법으로 제조하시오.
3. 반죽온도는 25℃를 표준으로 하시오.
4. 반죽의 비중을 측정하시오.
5. 제시한 팬에 알맞도록 분할하시오.
6. 반죽은 전량을 사용하여 성형하시오.
   (시트의 밑면이 윗면이 되게 정형하시오.)

재료명	비율(%)	무게(g)
박력쌀 가루	80	240
흑미쌀 가루	20	60
설탕	100	300
달걀	155	465
소금	0.8	2.4(2)
베이킹파우더	0.8	2.4(2)
우유	60	180
계	416.6	1249.8(1249)

(※ 충전용 재료는 계량시간에서 제외)

생크림	60	150

제조공정

1. 반죽하기
① 달걀을 풀어준 후 설탕, 소금을 넣고 고속으로 충분히 휘핑한다.(겨울철에는 중탕으로 43℃ 정도로 데운 후 휘핑한다)
② 마요네즈 정도의 되기가 되면, 중속으로 다듬어 준다.
③ 박력쌀 가루와 흑미쌀 가루, 베이킹파우더를 같이 채 친 후 넣고, 나무주걱으로 가볍게 혼합한다.
④ 우유를 넣고 골고루 혼합한다.(반죽온도 25℃, 비중 0.4 ±0.05)
⑤ 철판에 종이를 깔고 반죽 전량을 붓고 윗면을 다듬는다.

2. 굽기
윗불 200℃, 아랫불 160℃, 10분 정도.

3. 충전용 크림 제조
차가운 상태의 생크림을 휘핑하여 크림을 만든다.(여름철에는 얼음물을 볼 바닥에 대주며 휘핑한다)

4. 말기
면보를 물에 적셔 꼭 짜서 작업대 바닥에 깔고 롤 케이크를 엎어 윗면이 위로 향하게 놓은 후, 충전용 크림을 고르게 발라 준 후, 긴 밀대를 이용하여 말아준다.

▶ 달걀에 설탕넣고 휘핑하기

▶ 흑미 쌀가루 넣고 혼합

▶ 우유넣고 혼합

▶ 철판에 패닝

▶ 면보에 겉면이 위로 가도록 놓기

▶ 생크림 휘핑하기

▶ 휘핑한 생크림 바르기

▶ 밀대를 이용하여 말기

Tip
1. 달걀을 중탕으로 데워(43℃) 설탕을 녹인 후 휘핑하는 것이 기포 형성이 빠르고 작업이 용이하다.
2. 구워진 롤 케이크를 충분히 식힌 후에 생크림을 발라야 크림이 녹지 않는다.

unit 007 시폰 케이크(시폰법)
Chiffon cake

비단처럼 촉촉하고 탄력 있는 케이크라는 의미에서 붙여진 이름으로 수분이 많아 중앙에 구멍이 있는 팬을 사용하는 것이 특징이다.

⏱ 1시간 40분

✔ 요구사항

※ **시폰 케이크(시폰법)를 제조하여 제출하시오.**

1. 배합표의 각 재료를 계량하여 재료별로 진열하시오. (8분)
2. 반죽은 시폰법으로 제조하고 비중을 측정하시오.
3. 반죽온도는 23℃를 표준으로 하시오.
4. 시폰팬을 사용하여 반죽을 분할하고 구우시오.
5. 반죽은 전량 사용하여 성형하시오.

재료명	비율(%)	무게(g)
박력분	100	400
설탕(A)	65	260
설탕(B)	65	260
달걀	150	600
소금	1.5	6
베이킹파우더	2.5	10
식용유	40	160
물	30	120
계	454	1816

🔄 제조공정 (시퐁법)

1. 반죽하기
① 달걀을 노른자와 흰자로 분리한다.
② 노른자를 풀어준 후, 식용유를 넣고 혼합
　→ 설탕(A), 소금을 넣고 혼합
　→ 물 넣고 설탕이 잘 녹게 저어준다.
　→ 박력분과 베이킹파우더를 체에 쳐서 넣고 혼합한다.
③ 흰자를 풀어준 후, 설탕(B)을 조금씩 넣으며 휘핑하여 90%의 머랭을 만든다.
④ 노른자 반죽에 머랭을 두 번 정도 나눠 넣고 가볍게 혼합한다.
　(반죽온도 23℃, 비중 0.45 ±0.05)
⑤ 분무기로 팬 전체에 물을 분사하여 준비하고 팬에 60~70% 정도 패닝한다.
⑥ 젓가락을 이용하여 1~2번 휘저어 공기를 뺀다.

2. 굽기
윗불 180℃, 아랫불 160℃, 25분 ~ 30분 → 즉시 팬 채로 뒤집어서 냉각시킨다.
완전히 식힌 후, 틀에서 분리한다.

▶ 노른자 풀기

▶ 식용유, 설탕, 소금, 물 넣고 혼합

▶ 가루재료 혼합

▶ 매끈하게 혼합된 상태

▶ 머랭 올리기

▶ 반죽에 머랭 혼합

▶ 팬에 물 분무

▶ 나무젓가락으로 휘저어 공기 빼기

▶ 굽기 후 뒤집어 식히기

 Tip
1. 머랭을 혼합할 때 가볍게 혼합하여 머랭이 가라앉지 않게 한다.
2. 빨리 냉각시키기 위해 젖은 행주를 팬에 덮어 두면 좋다.
3. 팬에서 분리할 땐 가장자리를 손으로 살살 눌러주며 분리해야 손상이 적다.

과일 케이크
Fruit cake

여러 가지 과일 충전물을 넣은 케이크로 과일의 풍미와 고소한 맛의 부드러운 케이크이다.

⏱ 2시간 30분

✅ 요구사항

※ 과일 케이크를 제조하여 제출하시오.

1. 배합표의 각 재료를 계량하여 재료별로 진열하시오. (13분).
2. 반죽은 별립법으로 제조하시오.
3. 반죽온도는 23℃를 표준으로 하시오.
4. 제시한 팬에 알맞도록 분할하시오.
5. 반죽은 전량을 사용하여 성형하시오.

재료명	비율(%)	무게(g)
박력분	100	500
설탕	90	450
마가린	55	275(276)
달걀	100	500
우유	18	90
베이킹파우더	1	5(4)
소금	1.5	7.5(8)
건포도	15	75(76)
체리	30	150
호두	20	100
오렌지필	13	65(66)
럼주	16	80
바닐라향	0.4	2
계	459.9	2299.5(2300~2302)

🔄 제조공정 (별립법)

1. 반죽하기
① 과일류는 럼주에 담그고 체리는 잘게 썰어 꼭 짜서 물기를 제거한다.
② 달걀을 흰자, 노른자로 분리하고 설탕은 반으로 나눠 놓는다.
③ 믹싱 볼에 마가린을 넣고 풀어준 후, 설탕 1/2, 소금을 넣고 휘핑한다.
④ 노른자를 조금씩 넣어 주며 고속 휘핑하여 부드러운 크림상태를 만든다.
⑤ 흰자에 나머지 설탕을 넣으며 90% 머랭을 만든다.
⑥ 노른자 반죽에 과일류를 넣고 잘 혼합한다.
⑦ 반죽에 머랭1/2을 넣고 혼합 → 박력분 + 베이킹파우더 + 향을 체에 쳐서 넣고 혼합 → 우유→ 나머지 머랭을 넣고 가볍게 혼합한다.(반죽온도 23℃)
⑧ 파운드 팬이나 원형 팬에 종이를 깔고 반죽을 채운다.

2. 굽기
윗불 180℃, 아랫불 160℃, 30분 굽기 후 윗불 170℃로 낮추어 10분 더 굽기

▶ 과일류 럼주에 담그기

▶ 마가린에 설탕 1/2 투입

▶ 노른자를 조금씩 넣어주며 휘핑

▶ 머랭 올리기

▶ 노른자 반죽에 과일 혼합

▶ 머랭과 가루재료 혼합

▶ 믹싱 완료 상태

▶ 패닝하기

1. 마가린이 단단하면 노른자를 넣고 크림화시킬 때 시간이 오래 걸리므로 부드럽게 풀어준 후 휘핑한다.
2. 굽기 시 팬을 철판에 나열하여 구워야 껍질 색이 과하게 나지 않는다.

파운드 케이크
Pound cake

'버터, 설탕, 달걀, 밀가루를 1파운드(약 454g)씩 넣어 만들었다' 하여 이름 붙여진 전통 반죽형 케이크이다.

⏱ 2시간 30분

✓ 요구사항

※ 파운드 케이크를 제조하여 제출하시오.

1. 배합표의 각 재료를 계량하여 재료별로 진열하시오. (9분).
2. 반죽은 크림법으로 제조하시오.
3. 반죽온도는 23℃를 표준으로 하시오.
4. 반죽의 비중을 측정하시오.
5. 윗면을 터뜨리는 제품을 만드시오.
6. 반죽은 전량을 사용하여 성형하시오.

재료명	비율(%)	무게(g)
박력분	100	800
설탕	80	640
버터	80	640
유화제	2	16
소금	1	8
탈지분유	2	16
바닐라향	0.5	4
베이킹파우더	2	16
달걀	80	640
계	347.5	2780

제조공정 (크림법)

1. 반죽하기
① 버터를 풀어준 후 설탕, 소금, 유화제를 넣고 고속으로 휘핑한다.
② 달걀을 조금씩 넣어가며 계속 휘핑하여 부드러운 크림 상태가 되게 한다.
③ 박력분 + 분유 + 베이킹파우더 + 향을 체에 쳐서 넣고 매끈하게 혼합한다.(반죽온도 23℃, 비중 0.8 ±0.05)
④ 팬에 종이를 깔고 반죽을 70% 채우고 윗면을 매끈하게 다듬는다.

2. 굽기
윗불 200℃, 아랫불 160℃에서 10분 정도 구워 윗면에 완전히 색이 나면 꺼내 윗면에 일자로 칼집을 낸 다음, 윗불을 170℃로 내리고 30~40분 정도 구워낸다.

▶ 버터, 설탕, 소금, 유화제 넣고 휘핑

▶ 달걀을 조금씩 넣어주며 크림화

▶ 가루재료 혼합

▶ 패닝 후 윗면 다듬기

▶ 패닝 완료

▶ 일자로 칼집 내기

▶ 오븐에 다시 넣어 굽기

▶ 굽기 완료 후 꺼내기

Tip 굽기 시 표면에 전체적으로 갈색이 나게 구워졌을 때 칼집을 내어야 터진 면이 예쁘게 나온다.

마데라 컵 케이크
Maderia cup cake

포도생산지로 유명한 마데라 지방에서 유래가 된 컵케이크로 적포도주를 넣어 만든 머핀의 일종이다.

2시간

✔ 요구사항

※ 마데라(컵) 케이크를 제조하여 제출하시오.

1. 배합표의 각 재료를 계량하여 재료별로 진열하시오. (9분)
2. 반죽은 크림법으로 제조하시오.
3. 반죽온도는 24℃를 표준으로 하시오.
4. 반죽분할은 주어진 팬에 알맞은 양을 패닝하시오.
5. 적포도주 퐁당을 1회 바르시오.
6. 반죽은 전량을 사용하여 성형하시오.

재료명	비율(%)	무게(g)
박력분	100	400
버터	85	340
설탕	80	320
소금	1	4
달걀	85	340
베이킹파우더	2.5	10
건포도	25	100
호두	10	40
적포도주	30	120
계	418.5	1674
분당	20	80
적포도주	5	20

🔄 제조공정 (크림법)

1. 반죽하기
① 건포도와 호두는 적포도주 소량을 넣어 전처리 한다.
② 버터를 부드럽게 풀어준 후 설탕, 소금을 넣어 크림 상태가 되도록 충분히 휘핑한다.
③ 달걀을 조금씩 넣어 주며 고속으로 휘핑하여 부드러운 크림 상태가 되게 한다.
④ 건포도와 호두를 넣어 혼합한다.
⑤ 박력분 + 베이킹파우더를 넣고, 나머지 적포도주도 넣어 매끈하게 혼합한다.
⑥ 팬에 유산지컵을 깔고 짤주머니에 반죽을 담아 컵에 70~80% 정도 패닝한다.

2. 굽기
① 윗불 180℃, 아랫불 160℃, 30분 정도 구워 완전히 구워지면 적포도주와 슈거파우더를 혼합 후 윗면에 바른다.
② 다시 오븐에 넣어 2~3분 더 굽는다.

▶ 버터에 설탕, 소금 넣고 휘핑

▶ 달걀을 넣고 휘핑하여 크림화

▶ 건포도와 호두 혼합

▶ 가루재료와 적포도주 혼합

▶ 70~80% 패닝하기

▶ 패닝양이 균일하게 패닝 완료

▶ 굽기 후 윗면에 적포도주 시럽 바르기

 **Tip** 컵에 패닝 시 균일하게 채우고 완전히 구워진 다음 포도주 시럽을 바른다.

초코머핀(초코 컵 케이크)
Choco muffin

머핀 반죽에 코코아와 초코칩을 넣은 부드러운 컵 케이크이다.

⏱ 1시간 50분

✅ 요구사항

※ 초코머핀(초코 컵 케이크)을 제조하여 제출하시오.

1. 배합표의 각 재료를 계량하여 재료별로 진열하시오. (11분)
2. 반죽은 크림법으로 제조하시오.
3. 반죽온도는 24℃를 표준으로 하시오.
4. 초코칩은 제품의 내부에 골고루 분포되게 하시오.
5. 반죽분할은 주어진 팬에 알맞은 양으로 반죽을 패닝 하시오.
6. 반죽은 전량을 사용하여 성형하시오.

재료명	비율(%)	무게(g)
박력분	100	500
설탕	60	300
버터	60	300
달걀	60	300
소금	1	5(4)
베이킹소다	0.4	2
베이킹파우더	1.6	8
코코아파우더	12	60
물	35	175(174)
탈지분유	6	30
초코칩	36	180
계	372	1860(1858)

제조공정 (크림법)

1. 반죽하기
① 믹서 볼에 버터를 넣고 부드럽게 풀어준다.
② 설탕과 소금을 넣고 고속으로 휘핑하여 크림화 시킨다.
③ 달걀은 조금씩 넣으며 충분히 휘핑하여 부드러운 크림 상태를 만든다.
④ 박력분 + 코코아 + 베이킹파우더 + 소다 + 분유를 같이 체 쳐서 넣고 혼합한다.
⑤ 물을 넣어 매끈하게 혼합 후, 초코칩을 넣고 가볍게 혼합한다. (온도 측정 24℃)

2. 패닝하기
① 머핀 팬에 유산지 컵을 깔고 준비한다.
② 반죽을 짤 주머니에 넣고 팬의 70% 정도 균일하게 패닝한다.

3. 굽기
윗불 180℃, 아랫불 160℃ 오븐에 25~30분 정도 굽는다.

▶ 버터에 설탕, 소금 넣고 휘핑

▶ 달걀을 조금씩 넣으며 휘핑, 크림화

▶ 가루재료 혼합

▶ 물 넣고 혼합

▶ 초코칩 혼합

▶ 짤주머니를 사용 패닝 양을 균일하게 채우기

▶ 패닝 완료

 **Tip**
1. 달걀을 넣으며 크림화시킬 때, 분리 현상이 생기지 않게 나누어 넣고 온도에 주의하며 충분히 휘핑한다.
2. 컵에 패닝 시 균일하게 채워 크기를 일정하게 한다.

브라우니
Brownies

원래 영국의 전통과자였으나 미국으로 건너가 더 유명해진 진한 초콜릿 과자이다. 버터 케이크와 과자의 중간 정도의 쫄깃한 식감을 가진 케이크로 갈색빛(브라운)이 구운 색이 들어 붙여진 명칭이다.

⏱ 1시간 50분

✓ 요구사항

※ 브라우니를 제조하여 제출하시오.

1. 배합표의 각 재료를 계량하여 재료별로 진열하시오. (9분).
2. 브라우니는 수작업으로 하시오.
3. 버터와 초콜릿을 함께 녹여서 넣는 1단계 변형반죽법으로 하시오.
4. 반죽온도는 27℃를 표준으로 하시오.
5. 반죽은 전량을 사용하여 성형하시오.
6. 3호 원형팬 2개에 패닝하시오.
7. 호두의 반은 반죽에 사용하고 나머지 반은 토핑하며, 반죽 속과 윗면에 골고루 분포되게 하시오. (호두는 구워서 사용)

재료명	비율(%)	무게(g)
중력분	100	300
달걀	120	360
설탕	130	390
소금	2	6
버터	50	150
다크초콜릿	150	450
코코아파우더	10	30
바닐라향	2	6
호두	50	150
계	614	1842

제조공정

1. 반죽하기
① 호두는 철판에 펼쳐 예열한 오븐에 넣고 살짝 구워 놓는다.
② 볼에 버터와 초콜릿을 함께 넣어 따뜻한 물에 중탕으로 녹인다.
③ 달걀을 풀어준 후 설탕을 넣으며 색이 연해질 정도로 휘핑(30~40%)하고, 소금을 혼합한다.
④ 초콜릿 반죽에 달걀을 조금씩 넣어 가며 거품기로 잘 저어 혼합한다.
⑤ 중력분 + 코코아 + 향을 체에 쳐서 넣고 매끈하게 혼합한다.
⑥ 호두의 1/2을 반죽에 넣고 가볍게 혼합한다.

2. 패닝하기
① 3호팬 2개에 종이를 깔고 반죽을 패닝한 후, 윗면을 다듬는다.
② 윗면에 나머지 호두를 토핑한다.

3. 굽기
윗불 180℃, 아랫불 160℃의 오븐에 30분 정도 굽는다.

▶ 초콜릿과 버터 중탕으로 녹임

▶ 달걀에 설탕, 혼합 후 휘핑

▶ 초콜릿 반죽에 달걀 조금씩 넣으며 혼합

▶ 가루재료 혼합

▶ 호두 1/2 혼합

▶ 패닝 후 나머지 호두 토핑

1. 반죽의 되기가 적당하지 않을 경우, 따뜻한 물에 중탕으로 데워서 잘 저어가며 되기를 조절한다.
2. 패닝 시 반죽의 되기가 주르르 흐를 정도가 좋다.
3. 굽기 완료 확인 시 중앙을 살짝 쳐 봐서 단단한지 확인하고 꺼낸다.

슈
Choux

"양배추"란 뜻을 가진 슈(Choux) 반죽에 커스터드 크림을 충전한 제품이다.

⏱ 2시간

✅ 요구사항

※ 슈를 제조하여 제출하시오.

1. 배합표의 껍질 재료를 계량하여 재료별로 진열하시오. (5분).
2. 껍질 반죽은 수작업으로 하시오.
3. 반죽은 직경 3cm 전후의 원형으로 짜시오.
4. 커스터드 크림을 껍질에 넣어 제품을 완성하시오.
5. 반죽은 전량을 사용하여 성형하시오.

재료명	비율(%)	무게(g)
물	125	250
버터	100	200
소금	1	2
중력분	100	200
달걀	200	400
계	526	1052
커스터드 크림	500	1000

🔄 제조공정

1. 반죽하기
① 볼에 물, 소금, 버터를 넣고 불에 올려 펄펄 끓인다.
② 중력분을 넣고 빠르게 저어 호화시킨다.
③ 한 김 식힌 후에 달걀을 수 회 나누어 넣고 잘 저어, 되기를 맞춘 다음 윤기가 나는 매끈한 반죽이 되게 한다.
   (너무 질어지지 않도록 달걀양은 가감할 수 있다)
④ 원형깍지를 끼운 짤주머니에 반죽을 넣어 직경 3cm의 원형으로 균일하게 짠다.
⑤ 분무기로 물을 고르게 충분히 뿌려 주거나, 팬에 물을 부어 반죽을 침지시킨 다음 배수시킨다.

2. 굽기
윗불 200℃, 아랫불 180℃에서 5분 → 윗불 180℃, 아랫불 160℃에서 20분 정도 더 굽는다.

3. 크림 충전
슈 껍질의 옆면이나 밑면에 구멍을 내고 커스터드 크림을 충전한다.

▶ 물, 소금, 버터를 불에 올려 끓이기

▶ 밀가루 넣고 빠르게 저어 호화시킴

▶ 달걀을 조금씩 넣고 혼합

▶ 원형깍지를 끼운 짤주머니 사용 원형으로 짜기

▶ 반죽 표면에 물 분무 또는 침지 후 배수시키기

▶ 패닝 완료

 **Tip** 물을 충분히 가열한 후, 밀가루를 넣어 호화를 빠르게 시키고 달걀로 되기를 잘 조절한다.

버터 쿠키
Butter cookie

버터의 풍미가 좋은 드롭쿠키의 일종이다.

⏱ 2시간

✔ 요구사항

※ **버터 쿠키를 제조하여 제출하시오.**

1. 배합표의 각 재료를 계량하여 재료별로 진열하시오. (6분).
2. 반죽은 크림법으로 수작업 하시오.
3. 반죽온도는 22℃를 표준으로 하시오.
4. 별모양깍지를 끼운 짤주머니를 사용하여 2가지 모양짜 기를 하시오.(8자, 장미모양)
5. 반죽은 전량을 사용하여 성형하시오.

재료명	비율(%)	무게(g)
박력분	100	400
버터	70	280
설탕	50	200
소금	1	4
달걀	30	120
바닐라 향	0.5	2
계	251.5	1006

🔄 제조공정 (크림법)

1. 반죽하기
① 볼에 버터를 넣고 부드럽게 풀어준 다음 설탕, 소금을 넣고 혼합한다.
② 달걀을 나누어 넣으며 휘핑하여 부드러운 크림 상태로 만든다.
③ 박력분 + 바닐라 향을 체 쳐서 넣고 주걱으로 자르듯 섞는다. (반죽온도 22℃)
④ 별모양깍지를 끼운 짤주머니를 사용하여 팬에 장미모양 또는 8자모양으로 짠다.
　 (두께와 크기 간격을 일정하게 짠다.)

2. 굽기
윗불 190℃, 아랫불 150℃, 15분 정도.

▶ 버터에 설탕, 소금 넣고 혼합

▶ 달걀 넣으며 혼합

▶ 가루재료 혼합

▶ 8자 모양 짜기

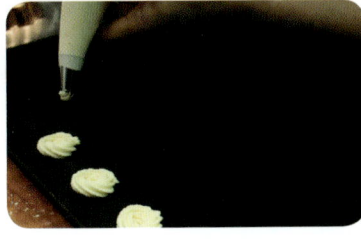
▶ 장미 모양 짜기

▶ 8자 모양

▶ 장미 모양

1. 짤주머니에 반죽을 넣을 때 적은 양을 넣고 짜야 쉽게 짤 수 있다.
2. 일정하고 균일한 모양으로 짤 수 있도록 연습을 많이 해야 한다.

쇼트 브레드 쿠키
Short bread cookie

비교적 많은 유지가 들어가 부드럽고 부서지기 쉬운 과자로 영국 스코틀랜드 지역에서 전래되었다.

2시간

✔ 요구사항

※ 쇼트 브레드 쿠키를 제조하여 제출하시오.

1. 배합표의 각 재료를 계량하여 재료별로 진열하시오. (9분)
2. 반죽은 수작업으로 하여 크림법으로 제조하시오.
3. 반죽온도는 20℃를 표준으로 하시오.
4. 제시한 정형기를 사용하여 두께 0.7~0.8cm, 지름 5~6cm(정형기에 따라 가감) 정도로 정형하시오.
5. 반죽은 전량을 사용하여 성형하시오.
6. 달걀 노른자칠을 하여 무늬를 만드시오.
   달걀은 총 7개를 사용하며, 달걀 크기에 따라 감독위원이 가감하여 지정할 수 있다.
   ① 배합표 반죽용 4개(달걀 1개+노른자용 달걀 3개)
   ② 달걀 노른자칠용 3개

재료명	비율(%)	무게(g)
박력분	100	500
마가린	33	165
쇼트닝	33	165
설탕	35	175
소금	1	5
물엿	5	25
달걀	10	50
노른자	10	50
바닐라 향	0.5	2.5(2)
계	227.5	1137.5(1137)

제조공정 (크림법)

1. 반죽하기
① 볼에 마가린, 쇼트닝을 넣은 다음 거품기로 풀어준 후 설탕, 물엿, 소금을 넣고 혼합한다.
② 달걀과 노른자를 조금씩 넣으며 휘핑 부드러운 크림 상태로 만든다.
③ 박력분 + 바닐라 향을 체쳐서 넣고 주걱으로 자르듯 섞는다. (반죽온도 20℃)
④ 반죽을 비닐에 싸서 냉장휴지를 20분 정도 시킨다.

2. 정형하기
① 반죽을 두께 0.7~0.8cm 정도로 밀어 펴 정형기(쿠키틀)를 이용하여 찍어낸다.
② 철판에 일정하게 패닝한 후, 노른자 칠을 하고 포크로 무늬를 낸다.

3. 굽기
윗불 190℃, 아랫불 150℃, 15~20분 정도.

▶ 마가린, 쇼트닝 풀고 설탕+물엿, 소금 혼합

▶ 달걀노른자와 혼합

▶ 부드러운 크림상태로 휘핑하기

▶ 가루재료 혼합

▶ 비닐에 싸서 냉장 휴지

▶ 밀어펴기

▶ 정형기로 찍어내기

▶ 노른자 칠하기

▶ 포크로 무늬내기

Tip 크림화가 많이 되면 반죽이 질어져 냉장휴지 시간이 길어지므로 달걀이 혼합되는 정도로만 한다. 두께가 얇아지지 않도록 밀어 펴기할 때 압력을 세게 하지 않는다.

다쿠와즈
Dacquaise

프랑스의 닥스(Dax)지방에서 생산되는 아몬드를 주원료로 창안된 비스킷으로 마카롱과 함께 머랭과자의 일종이다.

⏱ 1시간 50분

✅ 요구사항

※ **다쿠와즈를 제조하여 제출하시오.**

1. 배합표의 각 재료를 계량하여 재료별로 진열하시오. (5분).
2. 머랭을 사용하는 반죽을 만드시오.
3. 표피가 갈라지는 다쿠와즈를 만드시오.
4. 다쿠와즈 2개를 크림으로 샌드하여 1조의 제품으로 완성하시오.
5. 반죽은 전량을 사용하여 성형하시오.

재료명	비율(%)	무게(g)
달걀흰자	100	330
설탕	30	99(98)
아몬드분말	60	198
분당	50	165(164)
박력분	16	54
계	256	846(844)
버터크림(샌드용)	66	218

제조공정 (머랭법)

1. 반죽하기
① 아몬드 분말 + 분당 + 박력분을 함께 체 쳐서 혼합해 놓는다.
② 흰자에 설탕을 조금씩 넣으며 휘핑하여 90~100% 정도의 튼튼한 머랭을 만든다.
③ 체친 가루에 머랭을 나누어 넣고 가볍게 혼합한다.

2. 정형하기
① 반죽을 짤주머니에 채우고 팬에는 실리콘 페이퍼나 테프론 시트지를 바닥에 깔고 다쿠와즈팬을 올려놓는다.
② 팬에 반죽을 가득 채워 넣고 스패튤라나 스크레이퍼를 이용하여 윗면을 다듬는다.
③ 팬을 들어 올려 분리시킨 후, 윗면에 분당을 2번 정도 뿌린다.

3. 굽기
윗불 200℃, 아랫불 150℃, 12~15분 정도.

4. 마무리
과자를 바닥에서 떼어낸 후 냉각시켜 크림으로 두 개를 샌드하여 완성한다.

▶ 머랭 올리기

▶ 머랭 상태

▶ 체친 가루재료와 머랭 혼합

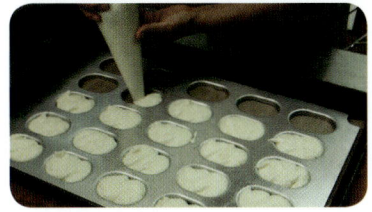
▶ 짤주머니 사용 팬에 채우기

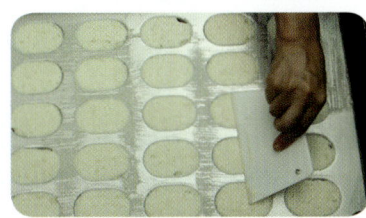
▶ 윗면 두께 다듬기

▶ 윗면에 분당 뿌리기

▶ 굽기 완료

▶ 제시된 크림 알맞게 충전

▶ 두개를 샌드하여 제출

1. 머랭의 상태에 따라 다쿠와즈의 제출 개수가 달라지므로 튼튼한 머랭이 되게 휘핑한다.
2. 분당을 토핑할 때 표면에 전체적으로 피복이 되게 양을 잘 조절하며 뿌린다.

마드레느
Madeleine

조개 모양의 팬을 사용하여 구운 프랑스의 명과로 수분이 많은 생과자의 일종이다.

⏱ 1시간 50분

✓ 요구사항

※ **마드레느를 제조하여 제출하시오.**

1. 배합표의 각 재료를 계량하여 재료별로 진열하시오. (7분)
2. 마드레느는 수작업으로 하시오.
3. 버터를 녹여서 넣는 1단계법(변형) 반죽법을 사용하시오.
4. 반죽온도는 24℃를 표준으로 하시오.
5. 실온에서 휴지를 시키시오.
6. 제시된 팬에 알맞은 반죽량을 넣으시오.
7. 반죽은 전량을 사용하여 성형하시오.

재료명	비율(%)	무게(g)
박력분	100	400
베이킹파우더	2	8
설탕	100	400
달걀	100	400
레몬껍질	1	4
소금	0.5	2
버터	100	400
계	403.5	1614

제조공정 (1단계법)

1. 반죽하기
① 볼에 박력분 + 베이킹파우더를 체 친 후, 설탕, 소금을 넣고 잘 혼합한다.
② 달걀을 풀어준 후, 가루류에 넣고 거품기로 덩어리가 없게 잘 혼합한다.
③ 용해 버터를 넣고 잘 혼합한 후, 강판에 간 레몬 껍질을 넣어준다.
④ 반죽이 마르지 않도록 비닐을 덮어 실온에서 20분 정도 휴지시킨다.

2. 정형하기
① 팬에 버터나 쇼트닝을 얇게 발라 준비한다.
② 짤주머니에 반죽을 채운 후, 팬에 80% 정도 고르게 짠다.
③ 팬을 가볍게 내리쳐 공기를 뺀다.

3. 굽기
윗불 180℃, 아랫불 160℃, 20분 정도.

▶ 가루재료 혼합

▶ 달걀 넣고 혼합

▶ 용해 버터 넣고 혼합

▶ 레몬 껍질 혼합

▶ 실온 휴지

▶ 짤주머니 사용 팬에 채우기

▶ 패닝 완료

Tip
1. 반죽 혼합이 지나치면 제품 표면에 기포가 많이 생기므로 주의한다.
2. 팬이 노후 되었을 경우, 반드시 쇼트닝이나 버터 칠을 잘 하여야 제품이 팬에서 매끈하게 분리된다.

타르트
Tarte

얇은 원형틀에 비스켓 반죽을 깔고 아몬드 크림을 채워서 구운 과자이다. 충전물이나 크림, 토핑에 쓰이는 과일에 따라서 명칭이 바뀌기도 한다.

⏱ 2시간 20분

✓ 요구사항

※ 타르트를 제조하여 제출하시오.

1. 배합표의 반죽용 재료를 계량하여 재료별로 진열하시오. (5분) – 토핑 등의 재료는 휴지시간을 활용하시오.
2. 반죽은 크림법으로 제조하시오.
3. 반죽온도는 20℃를 표준으로 하시오.
4. 반죽은 냉장고에서 20~30분 정도 휴지를 주시오.
5. 반죽은 두께 3mm 정도 밀어 펴서 팬에 맞게 성형하시오.
6. 아몬드크림을 제조해서 팬(ø10~12cm) 용적에 60~70% 정도 충전하시오.
7. 아몬드슬라이스를 윗면에 고르게 장식하시오.
8. 8개를 성형하시오.
9. 광택제로 제품을 완성하시오.

※ 배합표 (반죽)

재료명	비율(%)	무게(g)
박력분	100	400
달걀	25	100
설탕	26	104
버터	40	160
소금	0.5	2
계	191.5	766

※ 충전물

재료명	비율(%)	무게(g)
아몬드분말	100	250
설탕	90	226
버터	100	250
달걀	65	162
브랜디	12	30
계	367	918

※ 광택제 및 토핑

재료명	비율(%)	무게(g)
에프리코트혼당	100	150
물	40	60
계	140	210
아몬드슬라이스	66.6	100

제조공정 (크림법)

1. 반죽하기
① 버터를 부드럽게 풀어준 후 설탕, 소금을 넣고 혼합한다.
② 달걀을 조금씩 넣으며 혼합한다.
③ 박력분을 넣고 혼합하여 한 덩어리로 뭉친다.
　(반죽온도 측정 20℃)
④ 반죽을 비닐에 싸서 20분 정도 냉장휴지 시킨다.

2. 충전물 제조
① 버터를 부드럽게 하고 설탕을 넣어 혼합한다.
② 달걀을 조금씩 넣고 혼합하며 크림화시킨다.
③ 아몬드 분말을 체 쳐서 넣고, 브랜디를 넣어 매끈하게 혼합한다.

3. 정형하기(8개)
① 냉장휴지 시킨 반죽을 두께 3mm로 밀어 펴 팬에 깔고, 팬 홈 부분까지 반죽이 밀착되게 손으로 잘 눌러준다.
② 여분의 반죽을 잘라내고 포크로 바닥에 구멍을 낸다.
③ 충전용 아몬드 크림을 짤주머니를 이용하여 팬의 60~70% 정도 패닝한다.
④ 윗면에 아몬드 슬라이스를 뿌려 토핑한다.

4. 굽기
윗불 180℃, 아랫불 200℃, 20~25분 정도.

5. 마무리
① 냉각 시킨 후, 팬에서 분리한다.
② 에프리코트혼당과 물을 불에 올려 끓인 후, 윗면에 골고루 발라준다.

▶ 버터에 설탕, 소금 → 달걀 혼합

▶ 가루재료 혼합 후 비닐에 싸서 냉장휴지

▶ 밀어펴기(두께 3mm)

▶ 팬에 밀착시키기

▶ 여분 반죽 잘라내기

▶ 바닥에 구멍내기

▶ 아몬드 크림 충전

▶ 아몬드 슬라이스 토핑

▶ 굽기 후 광택제 바르기

1. 아몬드 크림 제조 시 분리 현상이 생기지 않도록 크림화를 잘 시킨다.
2. 크림을 충전하기 전, 주걱으로 많이 섞어 되기를 조절한 다음 충전해야 매끈한 표면으로 구워진다.

호두 파이
Walnut pie

바삭한 파이 껍질에 계피로 맛을 낸 달콤한 호두 충전물을 채워 굽는 디저트 파이이다.

⏱ 2시간 30분

✅ 요구사항

※ 호두 파이를 제조하여 제출하시오.

1. 껍질 재료를 계량하여 재료별로 진열하시오(7분).
2. 껍질에 결이 있는 제품으로 손반죽으로 제조하시오.
3. 껍질 휴지는 냉장온도에서 실시하시오.
4. 충전물은 개인별로 각자 제조하시오. (호두는 구워서 사용)
5. 구운 후 충전물의 층이 선명하도록 제조하시오.
6. 제시한 팬 7개에 맞는 껍질을 제조하시오. (팬크기에 다를 경우 크기에 따라 가감)
7. 반죽은 전량을 사용하여 성형하시오.

※ 껍질

재료명	비율(%)	무게(g)
중력분	100	400
노른자	10	40
소금	1.5	6
설탕	3	12
생크림	12	48
버터	40	160
물	25	100
계	191.5	766

※ 충전물

재료명	비율(%)	무게(g)
호두	100	250
설탕	100	250
물엿	100	250
계피가루	1	2.5(2)
물	40	100
달걀	240	600
계	581	1452.5(1452)

🔄 제조공정

1. 껍질 반죽하기
① 작업대에 중력분을 체 쳐서 놓고 그 위에 단단한 버터를 넣고 스크레이퍼를 이용하여 콩알 크기로 다진다.
② 물에 생크림, 설탕, 소금, 달걀노른자를 넣고 녹인 후 밀가루 위에 붓고 반죽하여 한 덩어리가 되게 한다.
③ 비닐에 싸서 20분 정도 냉장 휴지시킨다.

2. 충전물 만들기(페이스트 조리)
① 호두를 철판에 올리고 예열한 오븐에 넣어 5분 정도 살짝 구워준다.
② 설탕과 물엿, 계피가루, 물을 중탕으로 데워 시럽을 만든다.
③ 60℃ 정도가 되면 달걀을 풀어서 시럽과 혼합한다.
④ 체에 걸러 달걀 끈을 제거 후 위생지 등을 사용하여 거품을 제거한다.

3. 정형하기(7개)
① 제시된 파이 팬에 기름칠을 얇게 하여 준비한다.
② 껍질 반죽을 두께 0.3cm 정도로 밀어펴 팬에 두른 후, 여분의 가장자리를 잘라낸다.
③ 가장자리 부분에 모양을 낸다.
④ 바닥에 구멍을 내어 공기를 뺀 후 잘 눌러준 다음, 호두와 충전물을 부어 채운다.
⑤ 스프레이를 이용하여 살짝 분무하여 윗면 기포를 제거한다.

4. 굽기
윗불 180℃, 아랫불 200℃, 30분 정도.

▶ 버터 다지기

▶ 반죽하기

▶ 비닐에 싸서 냉장휴지

▶ 호두 오븐에 굽기

▶ 충전용 소스 만들기

▶ 체에 걸러내기

▶ 거품 제거하기

▶ 팬에 파이반죽 깔기

▶ 여분의 반죽 자르기

▶ 가장자리 모양내기

▶ 호두와 충전물 채우기

치즈 케이크
Cheese cake

치즈와 머랭을 혼합한 케이크로 중탕으로 굽는 타입의 치즈 케이크이다.

⏱ 2시간 30분

✔ 요구사항

※ **치즈 케이크를 제조하여 제출하시오.**

1. 배합표의 각 재료를 계량하여 재료별로 진열하시오 (9분).
2. 반죽은 별립법으로 제조하시오.
3. 반죽온도는 20℃를 표준으로 하시오.
4. 반죽의 비중을 측정하시오.
5. 제시한 팬에 알맞도록 분할하시오.
6. 굽기는 중탕으로 하시오.
7. 반죽은 전량을 사용하시오.

재료명	비율(%)	무게(g)
중력분	100	80
버터	100	80
설탕(A)	100	80
설탕(B)	100	80
달걀	300	240
크림치즈	500	400
우유	162.5	130
럼주	12.5	10
레몬주스	25	20
계	1400	1120

🔄 제조공정

1. 팬 준비하기
팬에 버터를 얇게 피복 시킨 후, 설탕을 덧 피복 시켜 여분의 설탕을 털어낸다.

2. 반죽하기
① 달걀을 흰자, 노른자로 분리한다.
② 버터와 크림치즈를 부드럽게 풀어 준 후, 설탕(A), 노른자를 넣고 혼합한다.
③ 흰자에 설탕(B)를 넣고 휘핑하여 80%의 머랭을 만든다.
④ 치즈반죽에 머랭 1/2을 넣고 혼합하고 체 친 밀가루를 넣고 혼합한다.
⑤ 우유, 레몬주스, 럼주를 넣고 혼합한다.
⑥ 나머지 머랭을 넣고 매끈하게 혼합한다.
⑦ 반죽온도를 측정하고(20℃) 비중을 측정한다.(0.75 ±0.05)

3. 패닝하여 굽기
① 철판에 팬을 나열하고 반죽을 80% 채운다.
② 윗면 기포를 제거하고 철판에 따뜻한 물(50~60℃)을 컵높이의 1cm 정도 잠기게 붓는다.
③ 중탕법으로 윗불 160℃, 아랫불 140℃, 30분 굽다가 뎀퍼를 열고 20분 더 굽기.

4. 마무리
구워진 케이크를 한 김 식힌 후, 뒤집어서 팬에서 분리한다.

▶ 팬 준비하기

▶ 혼합하기

▶ 머랭 1/2 혼합하기

▶ 밀가루 혼합하기

▶ 우유, 레몬주스, 럼주 혼합하기

▶ 나머지 머랭 혼합하기

▶ 팬에 채우기

▶ 철판에 온수 채워 굽기

제빵편

제과기능장이 전하는
제과제빵 기능사 실기 >>>

Part 03

unit		page
001	식빵(비상스트레이트법)	064
002	우유식빵	066
003	풀만식빵	068
004	옥수수식빵	070
005	버터톱 식빵	072
006	밤식빵	074
007	호밀빵	076
008	통밀빵	078
009	단과자빵(트위스트형)	080
010	단과자빵(소보로빵)	082
011	단과자빵(크림빵)	084
012	단팥빵(비상스트레이트법)	086
013	버터롤	088
014	스위트롤	090
015	빵도넛	092
016	그리시니	094
017	모카빵	096
018	베이글	098
019	소시지빵	100
020	쌀식빵	102

식빵(비상스트레이트법)
White pan bread

우리나라에서는 틀어 넣어 구운 흰빵을 식빵이라 하며 토스트, 샌드위치 등으로 이용하는 식사용 빵이다.

⏱ 2시간 40분

✔ 요구사항

※ **식빵(비상스트레이트법)을 제조하여 제출하시오.**

1. 배합표의 각 재료를 계량하여 재료별로 진열하시오. (8분).
2. 비상스트레이트법 공정에 의해 제조하시오. (반죽온도는 30℃로 한다.)
3. 표준분할무게는 170g으로 하고, 제시된 팬의 용량을 감안하여 결정하시오. (단, 분할무게×3을 1개의 식빵으로 함)
4. 반죽은 전량을 사용하여 성형하시오.

재 료 명	비율(%)	무게(g)
강력분	100	1200
물	63	756
이스트	5	60
제빵개량제	2	24
설탕	5	60
쇼트닝	4	48
탈지분유	3	36
소금	1.8	21.6(22)
계	183.8	2205.6(2206)

🔄 제조공정 (비상 스트레이트법)

1. 믹싱
유지를 제외한 전 재료를 믹서볼에 넣은 다음 클린업 단계까지 혼합하고 유지를 투입한 후 일반적인 식빵 반죽시간보다 20~25% 더 혼합한다.(반죽온도 30℃)

2. 1차 발효
온도 30℃, 습도 75~80%의 조건에서 15~30분 정도 발효시킨다.

3. 분할 및 둥글리기
170g씩 분할 후 둥글리기를 한다.

4. 중간 발효
표면이 마르지 않도록 비닐 등으로 덮어 10~15분간 중간 발효시킨다.

5. 성형 : 산형
① 둥글리기한 반죽을 가볍게 눌러 가스를 빼준 후, 밀대로 밀어 타원형이 되게 한다.
② 반죽을 뒤집어 3겹접기를 하여 둥글게 말아서 이음매를 봉한다.

6. 패닝
이음매가 밑으로 가도록 하여 3개를 1조로 팬에 넣고 윗면을 눌러 준다.(식빵팬 4개)

7. 2차 발효
온도 38~40℃, 습도 85~90%의 조건에서 팬 높이 90%까지 발효시킨다.

8. 굽기
윗불 170~180℃, 아랫불 190~200℃에서 30분 정도 굽는다.(굽기 중 팬의 위치를 바꾸어서 일정한 껍질색이 나도록 조치한다)

▶ 반죽 완료

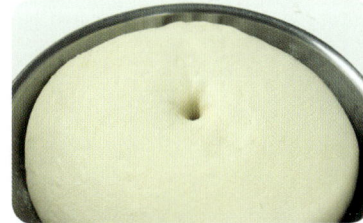
▶ 1차 발효점 확인

▶ 분할 및 둥글리기

▶ 밀어펴기

▶ 3겹접기

▶ 패닝

 **Tip** 비상 스트레이트법은 이스트의 활성을 도모하여 발효시간을 단축시키는 방법으로 혼합시간 20~25% 증가, 반죽온도 30℃ 등의 조치를 취해야 하며 오븐스프링의 증가를 감안하여 2차 발효 시 과발효되지 않도록 주의해야 한다.

우유 식빵
Milk pan bread

우유 식빵은 물대신 우유를 사용해 만든 담백한 식빵이다.

⏱ 3시간 40분

✓ 요구사항

※ 우유 식빵을 제조하여 제출하시오.

1. 배합표의 각 재료를 계량하여 재료별로 진열하시오.(8분)
2. 반죽은 스트레이트법으로 제조하시오.
   (단, 유지는 클린업 단계에 첨가하시오.)
3. 반죽 온도는 27℃를 표준으로 하시오.
4. 표준분할무게는 180g으로 하고, 제시된 팬의 용량을 감안하여 결정하시오.
   (단, 분할무게 × 3을 1개의 식빵으로 함)
5. 반죽은 전량을 사용하여 성형하시오.

재료명	비율(%)	무게(g)
강력분	100	1200
우유	40	480
물	29	348
이스트	4	48
제빵개량제	1	12
소금	2	24
설탕	5	60
쇼트닝	4	48
계	185	2220

🔄 제조공정 (스트레이트법)

1. 믹싱
유지를 제외한 전 재료를 믹서볼에 넣은 다음 클린업 단계까지 혼합하고 유지를 투입한 후 최종단계까지 혼합한다.
(반죽온도 27℃)

2. 1차 발효
온도 27℃, 습도 75~80%의 조건에서 60분 정도 발효시킨다.

3. 분할 및 둥글리기
180g씩 12개 분할 후 둥글리기를 한다.

4. 중간 발효
표면이 마르지 않도록 비닐 등으로 덮어 10~15분간 중간 발효시킨다.

5. 성형: 산형
① 둥글리기한 반죽을 가볍게 눌러 가스를 빼준 후 밀대로 밀어 타원형이 되게 한다.
② 반죽을 뒤집어 3겹접기를 하여 둥글게 말아서 이음매를 봉한다.

6. 패닝
이음매가 밑으로 가도록 하여 3개를 1조로 팬에 넣고 윗면을 눌러 준다. (식빵 팬 4개)

7. 2차 발효
온도 38~40℃, 습도 85~90%의 조건에서 팬 높이 100%까지 발효시킨다.

8. 굽기
윗불 170~180℃, 아랫불 190~200℃에서 30분 정도 굽는다.(굽기 중 팬의 위치를 바꾸어서 일정한 껍질색이 나도록 조치한다)

▶ 반죽 완료

▶ 1차 발효 확인

▶ 분할 및 둥굴리기

▶ 밀어펴기

▶ 3겹접기

▶ 2차발효 완료

 **Tip** 우유의 유당성분은 발효과정에서 잔류당으로 남아있어 껍질색을 진하게 하므로 굽기 시 주의한다.

unit 003 풀만 식빵
Pullman bread

미국의 조지풀먼(G. Pullman)이 고안한 빵으로 뚜껑이 달린 식빵 틀(풀먼 브레드 틀)에 구운 빵이며 주로 샌드위치용으로 사용한다.

⏱ 3시간 40분

✔ 요구사항

※ 풀만 식빵을 제조하여 제출하시오.

1. 배합표의 각 재료를 계량하여 재료별로 진열하시오. (9분)
2. 반죽은 스트레이트법으로 제조하시오.
   (단, 유지는 클린업 단계에 첨가하시오.)
3. 반죽 온도는 27℃를 표준으로 하시오.
4. 표준분할무게는 250g으로 하고, 제시된 팬의 용량을 감안하여 결정하시오.
   (단, 분할무게×2를 1개의 식빵으로 함)
5. 반죽은 전량을 사용하여 성형하시오.

재료명	비율(%)	무게(g)
강력분	100	1400
물	58	812
이스트	4	56
제빵개량제	1	14
소금	2	28
설탕	6	84
쇼트닝	4	56
달걀	5	70
분유	3	42
계	183	2562

🔄 제조공정 (스트레이트법)

1. 믹싱
유지를 제외한 전 재료를 믹서볼에 넣은 다음 클린업 단계까지 혼합하고 유지를 투입한 후 최종단계까지 혼합한다.
(반죽온도 27℃)

2. 1차 발효
온도 27℃, 습도 75~80%의 조건에서 60분 정도 발효시킨다.

3. 분할 및 둥글리기
250g씩 10개분할 후 둥글리기를 한다.

4. 중간 발효
표면이 마르지 않도록 비닐 등으로 덮어 10~15분간 중간 발효시킨다.

5. 성형
① 둥글리기한 반죽을 가볍게 눌러 가스를 빼준 후 밀대로 밀어 타원형이 되게 한다.
② 반죽을 뒤집어 3겹접기를 하여 둥글게 말아서 이음매를 봉한다.

6. 패닝
이음매가 밑으로 가도록 하여 2개를 1조로 팬에 넣고 윗면을 눌러준다.

7. 2차 발효
온도 38~40℃, 습도 85~90%의 조건에서 팬 높이보다 0.5cm 아래까지 발효시킨다.(뚜껑을 덮었을 때 반죽이 뚜껑에 닿지 않을 정도로 발효시킨다)

8. 굽기
뚜껑을 덮고 윗불 190~200℃, 아랫불 190~200℃에서 40~50분 정도 굽는다.(굽기 중 팬의 위치를 바꾸어서 일정한 껍질색이 나도록 조치한다)

▶ 반죽 완료

▶ 1차 발효 확인

▶ 분할, 둥글리기

▶ 성형

▶ 패닝

▶ 2차 발효 완료

Tip 뚜껑을 닫고 굽는 식빵이므로 충분하게 구워 수축현상을 방지하여야 한다.

옥수수 식빵
Corn pan bread

옥수수가루가 들어간 고소한 맛으로 한국인에게 인기있는 식빵이다.

⏱ **3시간 40분**

✓ 요구사항

※ 옥수수 식빵을 제조하여 제출하시오.

1. 배합표의 각 재료를 계량하여 재료별로 진열하시오. (10분).
2. 반죽은 스트레이트법으로 제조하시오.
   (단, 유지는 클린업 단계에서 첨가 하시오.)
3. 반죽 온도는 27℃를 표준으로 하시오.
4. 표준분할무게는 180g으로 하고, 제시된 팬의 용량을 감안하여 결정하시오.
   (단, 분할무게×3을 1개의 식빵으로 함)
5. 반죽은 전량을 사용하여 성형하시오.

재료명	비율(%)	무게(g)
강력분	80	960
옥수수분말	20	240
물	60	720
이스트	3	36
제빵개량제	1	12
소금	2	24
설탕	8	96
쇼트닝	7	84
탈지 분유	3	36
달걀	5	60
계	189	2268

제조공정 (스트레이트법)

1. 믹싱
유지를 제외한 전 재료를 믹서볼에 넣은 다음 클린업 단계까지 혼합하고 유지를 투입한 후 최종전기 단계까지 혼합한다.(반죽온도 27℃)

2. 1차 발효
온도 27℃, 습도 75~80%의 조건에서 60분 정도 발효시킨다.

3. 분할 및 둥글리기
180g씩 12개 분할 후 둥글리기를 한다.

4. 중간 발효
표면이 마르지 않도록 비닐 등으로 덮어 10~15분간 중간 발효시킨다.

5. 성형: 산형
① 둥글리기한 반죽을 가볍게 눌러 가스를 빼준 후 밀대로 밀어 타원형이 되게 한다.
② 반죽을 뒤집어 3겹접기를 하여 둥글게 말아서 이음매를 봉한다.

6. 패닝
이음매가 밑으로 가도록 하여 3개를 1조로 팬에 넣고 윗면을 눌러 준다.(식빵 팬 4개)

7. 2차 발효
온도 38~40℃, 습도 85~90%의 조건에서 팬 높이보다 1cm 위까지 발효시킨다.

8. 굽기
윗불 170~180℃, 아랫불 190~200℃에서 30분 정도 굽는다.(굽기 중 팬의 위치를 바꾸어서 일정한 껍질색이 나도록 조치한다)

▶ 반죽 완료

▶ 분할 및 둥글리기

▶ 밀어펴기

▶ 3겹접기

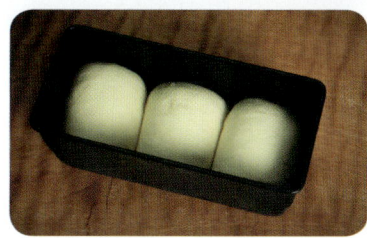
▶ 패닝

▶ 2차 발효

 **Tip** 반죽이 질척하여 믹싱오버가 되기 쉬우니 자주 믹싱볼 옆면을 긁어주어 반죽이 빠르게 뭉칠 수 있도록 조치한다.(믹싱 오버주의)

unit 005 버터톱 식빵
Buttertop pan bread

유지가 많은 제품으로 풍부한 버터맛을 느낄수 있는 한덩이 형태의 식빵이다.

3시간 30분

✓ 요구사항

※ 버터톱 식빵을 제조하여 제출하시오.

1. 배합표의 각 재료를 계량하여 재료별로 진열하시오. (9분)
2. 반죽은 스트레이트법으로 만드시오.
    (단, 유지는 클린업 단계에서 첨가하시오.)
3. 반죽온도는 27℃를 표준으로 하시오.
4. 분할무게 460g 짜리 5개를 만드시오(한덩이:one loaf).
5. 윗면을 길이로 자르고 버터를 짜 넣는 형태로 만드시오.
6. 반죽은 전량을 사용하여 성형하시오.

재료명	비율(%)	무게(g)
강력분	100	1200
물	40	480
이스트	4	48
제빵개량제	1	12
소금	1.8	21.6(22)
설탕	6	72
버터	20	240
탈지분유	3	36
달걀	20	240
계	195.8	2349.6(2350)
버터(바르기용)	5	60

제조공정 (스트레이트법)

1. 믹싱
유지를 제외한 전 재료를 믹서볼에 넣은 다음 클린업 단계까지 혼합하고 유지를 투입한 후 최종단계까지 혼합한다.
(반죽온도 27℃)

2. 1차 발효
온도 27℃, 습도 75~80%의 조건에서 60분 정도 발효시킨다.

3. 분할 및 둥글리기
460g씩 5개 분할 후 둥글리기를 한다.

4. 중간 발효
표면이 마르지 않도록 비닐 등으로 덮어 10~15분간 중간 발효시킨다.

5. 성형 : one loaf형 (한덩이 형)
① 둥글리기한 반죽을 가볍게 눌러 가스를 빼준 후 밀대로 밀어 타원형이 되게 한다.
② 반죽을 뒤집어 둥글게 말아서 한 덩어리 형태로 만든 다음 이음매를 봉한다.

6. 패닝
이음매가 밑으로 가도록 하여 팬에 넣고 윗면을 눌러 준다.

7. 2차 발효
온도 38~40℃, 습도 85~90%의 조건에서 팬 높이보다 0.5~1cm아래까지 발효시킨다.

8. 버터 짜기
반죽 가운데를 0.3cm 정도의 깊이로 길게 자르고, 부드럽게 만든 버터를 짤주머니를 이용하여 짜준다.

9. 굽기
윗불 170~180℃, 아랫불 190~200℃에서 25분 정도 굽는다.(굽기 중 팬의 위치를 바꾸어서 일정한 껍질색이 나도록 조치한다)

▶ 반죽 완료

▶ 1차 발효점 확인

▶ 분할 및 둥굴리기

▶ 밀대로 타원형으로 밀기

▶ 말기

▶ 일자로 칼집내기

▶ 버터짜기

1. 버터톱 식빵의 옆면 함몰 방지를 위해서 충분한 굽기를 하여야 하며, 과발효되면 구조가 약해지므로 주의하여야 한다.
2. 버터를 짜 넣기 위해 윗면을 자를 때에는 너무 깊게 자르지 않아야 옆면이 주저앉는 현상을 방지할 수 있다.

unit 006 밤 식빵
Chestnut pan bread

밤의 씹히는 촉감과 빵의 쫄깃한 맛이 어우러짐과 동시에 토핑의 바삭함이 살아있는 부드러운 식빵이다.

⏱ 3시간 40분

✅ 요구사항

※ 밤 식빵을 제조하여 제출하시오.

1. 반죽 재료를 계량하여 재료별로 진열하시오. (10분)
2. 반죽은 스트레이트법으로 제조하시오.
3. 반죽온도는 27℃를 표준으로 하시오.
4. 분할무게는 450g으로 하고, 성형시 450g의 반죽에 80g의 통조림 밤을 넣고 정형하시오. (한덩이:one loaf)
5. 토핑물을 제조하여 굽기 전에 토핑하고 아몬드를 뿌리시오.
6. 반죽은 전량을 사용하여 성형하시오.

※ 반죽

재료명	비율(%)	무게(g)
강력분	80	960
중력분	20	240
물	52	624
이스트	4.5	54
제빵개량제	1	12
소금	2	24
설탕	12	144
버터	8	96
탈지분유	3	36
달걀	10	120
계	192.5	2310

※ 토핑

재료명	비율(%)	무게(g)
마가린	100	100
설탕	60	60
베이킹파우더	2	2
달걀	60	60
중력분	100	100
아몬드슬라이스	50	50
계	372	372
밤다이스(시럽제외)	35	420

(※ 충전용 토핑 재료는 계량시간에서 제외)

제조공정 (스트레이트법)

1. 믹싱
전 재료를 믹서볼에 넣은 다음 클린업 단계까지 혼합하고 유지를 투입하고 최종단계까지 혼합한다.
(반죽온도 27℃)

2. 1차 발효
온도 27℃, 습도 75~80%의 조건에서 60분 정도 발효시킨다.

3. 분할 및 둥글리기
450g씩 5개 분할 후 둥글리기를 한다.

4. 중간 발효
표면이 마르지 않도록 비닐 등으로 덮어 10~15분간 중간 발효시킨다.

5. 성형 : one loaf형 (한덩이 형)
① 둥글리기한 반죽을 가볍게 눌러 가스를 빼준 후 밀대로 밀어 타원형이 되게 한다.
② 반죽을 뒤집어 충전용 밤 80g을 골고루 뿌리고 한 쪽 방향으로 둥글게 말아 원통형으로 한 후 이음매를 봉한다.

6. 패닝
이음매가 밑으로 가도록 하여 팬에 넣고 윗면을 가볍게 눌러준다.

7. 2차 발효
온도 38~40℃, 습도 85~90%의 조건에서 팬 높이보다 1cm 정도 아래까지 발효시킨다.

8. 토핑
짤주머니에 납작깍지를 끼우고 토핑반죽을 담아 반죽윗면에 3줄 정도 일정한 두께로 짠 후 아몬드 슬라이스를 뿌린다.

9. 굽기
윗불 170~180℃, 아랫불 190~200℃에서 25분 정도 굽는다.(굽기 중 팬의 위치를 바꾸어서 일정한 껍질색이 나도록 조치한다)

*토핑 만들기
① 마가린을 부드럽게 풀어준 후 설탕을 혼합하고 달걀을 넣어 크림화한다.
② 중력분과 베이킹파우더를 체질하여 넣고 혼합한다.

▶ 반죽 완료

▶ 분할 및 둥글리기

▶ 말기

▶ 토핑짜기

▶ 아몬드 슬라이스 뿌리기

● 토핑 만들기

 **Tip** 밤 식빵의 옆면 함몰 방지를 위해서 충분한 굽기를 하여야 하며, 과발효 되면 구조가 약해지므로 주의하여야 한다. 2차 발효된 반죽 윗면에 토핑을 적당한 넓이와 두께로 짜야 굽기 중에 흘러넘치지 않는다.

호밀빵
Rye bread

호밀빵은 라이브레드(Rye bread)로도 불린다. 정통 독일식 호밀빵(로켄 브로트)은 밀가루에 최고 90%의 호밀가루를 혼합해 만들기도 하지만 보통 10~30%를 섞어 만든다.

⏱ 3시간 30분

✓ 요구사항

※ 호밀빵을 제조하여 제출하시오.

1. 배합표의 각 재료를 계량하여 재료별로 진열하시오. (10분)
2. 반죽은 스트레이트법으로 제조하시오.
3. 반죽 온도는 25℃를 표준으로 하시오.
4. 표준분할무게는 330g으로 하시오.
5. 제품의 형태는 타원형(럭비공 모양)으로 제조하고, 칼집 모양을 가운데 일자로 내시오.
6. 반죽은 전량을 사용하여 성형하시오.

재료명	비율(%)	무게(g)
강력분	70	770
호밀가루	30	330
이스트	3	33
제빵개량제	1	11(12)
물	60~65	660~715
소금	2	22
황설탕	3	33(34)
쇼트닝	5	55(56)
탈지분유	2	22
당밀	2	22
계	178~183	1958~2016

제조공정 (스트레이트법)

1. 믹싱
전 재료를 믹서볼에 넣은 다음 클린업 단계까지 혼합하고 유지를 투입한 후 최종단계 전기까지 혼합한다.(반죽온도 25℃)

2. 1차 발효
온도 27℃, 습도 75~80%의 조건에서 60분 정도 발효시킨다.

3. 분할 및 둥글리기
330g씩 7개 분할 후 둥글리기를 한다.

4. 중간 발효
표면이 마르지 않도록 비닐 등으로 덮어 10~15분간 중간 발효시킨다.

5. 성형 : 타원형 (럭비공 모양)
① 둥글리기한 반죽을 가볍게 눌러 가스를 빼준 후 밀대로 밀어 타원형이 되게 한다.
② 반죽을 뒤집어서 럭비공형의 타원형이 되도록 말아준 후 이음매를 봉한다.

6. 패닝
이음매가 밑으로 가도록 하여 팬에 3개씩 패닝한다.

7. 2차 발효및 칼집
온도 38℃, 습도 85%의 조건에서 약 30~40분간 발효시킨 후 가운데를 일자로 칼집을 낸다.

8. 굽기
윗면에 스프레이로 물을 분무 후 윗불 200℃, 아랫불180℃ 20분 후 윗불 180℃, 아랫불160℃에서 10분 정도 굽는다. (굽기 중 팬의 위치를 바꾸어서 일정한 껍질색이 나도록 조치한다)

▶ 믹싱

▶ 분할

▶ 밀어펴기

▶ 말기

▶ 성형

▶ 패닝

▶ 칼집 내기

호밀빵은 2차 발효가 부족하거나 칼집이 부족하면 옆면이 터질수 있으므로 주의해야 한다.

통밀빵
Whole wheat bread

통밀빵은 강력분에 통밀가루를 혼합하고 표면에 오트밀을 묻혀 구워낸 소형 건강빵이다. 통밀가루는 밀 전체를 밀가루로 만든 것으로 전립분(whole wheat flour)이라고도 한다.

3시간 30분

✔ 요구사항

※ 통밀빵을 제조하여 제출하시오.

1. 배합표의 각 재료를 계량하여 재료별로 진열하시오(10분).
   (단, 토핑용 오트밀은 계량시간에서 제외한다.)
2. 반죽은 스트레이트법으로 제조하시오.
3. 반죽 온도는 25℃를 표준으로 하시오.
4. 표준분할무게는 200g으로 하시오.
5. 제품의 형태는 밀대(봉)형(22~23㎝)으로 제조하고, 표면에 물을 발라 오트밀을 보기 좋게 적당히 묻히시오.
6. 8개를 성형하여 제출하고 남은 반죽은 감독위원의 지시에 따라 별도로 제출하시오.

재료명	비율(%)	무게(g)
강력분	80	800
통밀가루	20	200
이스트	2.5	25
제빵개량제	1	10
물	63~65	630~650
소금	1.5	15(14)
설탕	3	30
버터	7	70
탈지분유	2	20
몰트액	1.5	15(14)
계	181.5~183.5	1812~1835
(토핑용) 오트밀	–	200g

제조공정(스트레이트법)

1. 믹싱
유지를 제외한 모든 재료를 믹서볼에 넣고 클린업 단계까지 혼합하고 유지를 투입한 후 최종전기단계까지 혼합한다.
(반죽온도 25℃)

2. 1차 발효
온도 27℃, 습도 75~80%의 조건에서 60분 정도 발효시킨다.

3. 분할 및 둥글리기
200g씩 분할 후 둥글리기를 한다.

4. 중간 발효
표면이 마르지 않도록 비닐 등으로 덮어 10~15분간 중간발효시킨다.

5. 성형: 밀대(봉)형 (22~23cm)
① 둥글리기한 반죽을 가볍게 눌러 가스를 빼준 후 3겹접기를 한다.
② 반죽을 말아준 후 22~23cm의 밀대형이 되도록 늘여 편다.

6. 패닝
반죽 윗면에 물을 칠한 후 오트밀을 충분히 묻혀 이음매가 밑으로 가도록 하여 4개씩 2팬으로 패닝한다.

7. 2차 발효
온도 38℃, 습도 85%의 조건에서 약 25~30분간 발효시킨다.

8. 굽기
윗불 200℃, 아랫불 160℃에서 20분 정도 굽는다.(굽기 중 팬의 위치를 바꾸어서 일정한 껍질색이 나도록 조치한다)

▶ 반죽완료

▶ 분할

▶ 밀어펴기

▶ 접기

▶ 물 바르고 토핑피복

▶ 패닝

▶ 2차 발효 완료

▶ 굽기 완료

 **Tip** 통밀빵은 부피감을 위해 가볍게 말아서 성형하도록 한다.

unit 009 단과자빵 (트위스트 형)
Sweet dough bread

일정한 두께와 매끄러운 막대형의 길이로 늘여 펴서 꼬아 만든 단과자빵은 식사대용으로 그대로 먹거나 크림, 통팥 등을 충전하는 등 제품을 다양하게 만들 수 있다.

⏱ 3시간 30분

✔ 요구사항

※ 단과자빵(트위스트형)을 제조하여 제출하시오.
1. 배합표의 각 재료를 계량하여 재료별로 진열하시오. (9분)
2. 반죽은 스트레이트법으로 제조하시오.
   (단, 유지는 클린업 단계에 첨가하시오.)
3. 반죽 온도는 27℃를 표준으로 하시오.
4. 반죽분할 무게는 50g이 되도록 하시오.
5. 모양은 8자형 12개, 달팽이형 12개로 2가지 모양으로 만드시오.
6. 완제품 24개를 성형하여 제출하고, 남은 반죽은 감독위원의 지시에 따라 별도로 제출하시오.

재료명	비율(%)	무게(g)
강력분	100	900
물	47	422
이스트	4	36
제빵개량제	1	8
소금	2	18
설탕	12	108
쇼트닝	10	90
분유	3	26
달걀	20	180
계	199	1788

🔄 제조공정 (스트레이트법)

1. 믹싱
유지를 제외한 전 재료를 믹서볼에 넣은 다음 클린업 단계까지 혼합하고, 유지를 투입한 후 최종단계까지 혼합한다.
(반죽온도 27℃)

2. 1차 발효
온도 27℃, 습도 75~80%의 조건에서 60분 정도 발효시킨다.

3. 분할 및 둥글리기
50g씩 분할 후 둥글리기를 한다.

4. 중간 발효
표면이 마르지 않도록 비닐 등으로 덮어 10~15분간 중간 발효시킨다.

5. 성형
둥글리기한 반죽을 가스를 뺀 후, 두 손바닥으로 밀어 두께가 일정한 막대형으로 만든다.
① 8자형 : 반죽을 30cm 길이로 늘린 후 8자형으로 꼬아 만든다.
② 달팽이형 : 반죽을 40cm로 늘린 후 한쪽 끝을 검지손가락에 감아 돌리면서 다른 한쪽 끝은 뾰족하게 하여 아래쪽으로 붙여 튀어나오지 않도록 한다.

6. 패닝
간격을 맞추고 같은 모양끼리 12개씩 패닝한다.

7. 2차 발효
온도 38℃, 습도 85%의 조건에서 약 30분간 발효시킨다.(시간보다는 상태로 판단하며, 팬을 흔들었을 때 반죽이 흔들리면 완료시점으로 본다)

8. 굽기
윗불 190℃, 아랫불 150℃에서 12~15분 정도 굽는다.
(굽기 중 팬의 위치를 바꾸어서 일정한 껍질색이 나오도록 조치한다)

▶ 1차 발효 완료 확인

▶ 분할 및 둥글리기

▶ 밀어펴기

▶ 성형 : 8자형

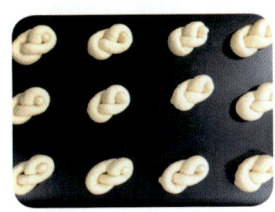
▶ 성형 ; 8자형 패닝상태

▶ 성형 : 달팽이형

▶ 8자형 2차 발효 완료

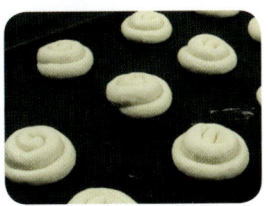
▶ 달팽이형 2차 발효 완료

 **Tip** 성형 시 매끄럽고 일정한 두께의 막대형을 만드는 것이 중요하며, 부피와 외부 균형을 위해 길이를 여유있도록 길게 밀어펴는 것이 좋다.

단과자빵(소보로빵)
Streusel

부드러운 빵과 고소한 소보로 토핑의 두 가지 맛을 느낄 수 있는 빵이다.

⏱ 3시간 30분

✅ 요구사항

※ **단과자 빵(소보로빵)을 제조하여 제출하시오.**
1. 빵반죽 재료를 계량하여 재료별로 진열하시오. (9분)
2. 반죽은 스트레이트법으로 제조하시오.
   (단, 유지는 클린업 단계에 첨가하시오.)
3. 반죽 온도는 27℃를 표준으로 하시오.
4. 반죽 1개의 분할무게는 50g씩, 1개당 소보로 사용량은 약 30g 정도로 제조하시오.
5. 토핑용 소보로는 배합표에 의거 직접 제조하여 사용하시오.
6. 반죽은 24개를 성형하여 제조하고, 남은 반죽은 감독위원의 지시에 따라 별도로 제출하시오.

※ 빵반죽

재료명	비율(%)	무게(g)
강력분	100	900
물	47	423(422)
이스트	4	36
제빵개량제	1	9(8)
소금	2	18
마가린	18	162
탈지분유	2	18
달걀	15	135(136)
설탕	16	144
계	205	1845(1844)

※ 토핑용 소보로(계량시간에서 제외)

재료명	비율(%)	무게(g)
중력분	100	300
설탕	60	180
마가린	50	150
땅콩버터	15	45(46)
달걀	10	30
물엿	10	30
탈지분유	3	9(10)
베이킹파우더	2	6
소금	1	3
계	251	753

제조공정 (스트레이트법)

1. 믹싱
유지를 제외한 전 재료를 믹서볼에 넣은 다음 클린업 단계까지 혼합하고 유지를 투입한 후 최종단계까지 혼합한다.
(반죽온도 27℃)

2. 1차 발효
온도 27℃, 습도 75~80%의 조건에서 60분 정도 발효시킨다.

3. 분할 및 둥글리기
50g씩 분할 후 둥글리기를 한다.

4. 중간 발효
표면이 마르지 않도록 비닐 등으로 덮어 10~15분간 중간 발효시킨다.

5. 성형
① 반죽을 다시 가볍게 재둥글리기하여 가스를 빼준다.
② 작업대 위에 약 30g 정도의 소보로 토핑을 놓고, 반죽윗면에 물을 묻힌 후 두 손으로 눌러 소보로 토핑을 묻힌다.

6. 패닝
토핑이 위로 향하게 하여 간격을 맞추고 12개씩 패닝한다.

7. 2차 발효
온도 38℃, 습도 85%의 조건에서 약 30분간 발효시킨다. (시간보다 상태로 판단하며, 온도와 습도가 높지 않도록 주의하며 과발효가 되지 않도록 주의한다)

8. 굽기
윗불 190℃, 아랫불 150℃에서 15분 정도 굽는다. (굽기 중 팬의 위치를 바꾸어서 일정한 껍질색이 나도록 조치한다)

*소보로 토핑 만들기
① 마가린, 땅콩버터를 부드럽게 풀어준 후 설탕, 소금, 물엿을 혼합하고 달걀을 넣어 크림화한다.
② 중력분, 분유, 베이킹파우더를 체로 쳐서 넣고 보슬보슬한 상태로 만든다.

▶ 분할 및 둥글리기

▶ 소보로 묻히기

▶ 토핑 확인

▶ 패닝

▶ 토핑용 소보로 제조 - 마가린, 땅콩버터 크림화

▶ 가루류 혼합

1. 토핑이 보슬보슬하도록 제조해야 하며, 재둥글리기를 하여 과다한 기포를 제거해야 갈라짐이 좋은 소보로빵을 만들 수 있다.
2. 2차 발효 시 발효실의 온도, 습도가 높거나 과발효되면 토핑이 흘러내리며 주저앉을 수 있으므로 주의해야 한다.

단과자빵(크림빵)
Cream bread

크림빵은 반죽과 커스터드 크림이 조화를 이룬 부드러운 식감의 빵이다.

⏱ 3시간 30분

✔ 요구사항

※ 단과자빵(크림빵)을 제조하여 제출하시오.

1. 배합표의 각 재료를 계량하여 재료별로 진열하시오. (9분)
2. 반죽은 스트레이트법으로 제조하시오.
   (단, 유지는 클린업 단계에 첨가하시오.)
3. 반죽 온도는 27℃를 표준으로 하시오.
4. 반죽 1개의 분할무게는 45g, 1개당 크림 사용량은 30g으로 제조하시오.
5. 제품 중 12개는 크림을 넣은 후 굽고, 12개는 반달형으로 크림을 충전 하지 말고 제조하시오.
6. 남은 반죽은 감독위원의 지시에 따라 별도로 제출하시오.

재료명	비율(%)	무게(g)
강력분	100	800
물	53	424
이스트	4	32
제빵개량제	2	16
소금	2	16
설탕	16	128
쇼트닝	12	96
분유	2	16
달걀	10	80
계	201	1608
커스터드 크림	(1개당 30g)	360

🔄 제조공정 (스트레이트법)

1. 믹싱
유지를 제외한 전 재료를 믹서볼에 넣은 다음 클린업 단계까지 혼합하고 유지를 투입한 후 최종단계까지 혼합한다. (반죽온도 27℃)

2. 1차 발효
온도 27℃, 습도 75~80%의 조건에서 60분 정도 발효시킨다.

3. 분할 및 둥글리기
45g씩 분할 후 둥글리기를 한다.

4. 중간 발효
표면이 마르지 않도록 비닐 등으로 덮어 10~15분간 중간 발효시킨다.

5. 성형
① 크림 넣고 굽는 형 : 반죽을 밀대로 밀어 약 15cm 길이의 타원형이 되게 한 후 뒤집은 다음, 반죽 중앙에 크림을 놓고 반을 접어 스크레이퍼로 5군데 칼집을 내준다.
② 반달형 : 반죽을 밀대로 밀어 약 15cm 길이의 타원형이 되게 한 후 뒤집은 다음, 6개씩 반 정도 겹쳐 놓고 윗면에 식용유칠을 한 후 반씩 접는다.

6. 패닝
간격을 맞추고 같은 모양끼리 12개씩 패닝한다.

7. 2차 발효
온도 38℃, 습도 85%의 조건에서 약 30분간 발효시킨다.(시간보다는 상태로 판단하며, 팬을 흔들었을 때 반죽이 흔들리면 완료시점으로 본다)

8. 굽기
윗불 180℃, 아랫불 150℃에서 12~15분 정도 굽는다.(굽기 중 팬의 위치를 바꾸어서 일정한 껍질색이 나도록 조치한다)

▶ 반죽 완료

▶ 타원형으로 밀기

▶ 크림 충전

▶ 크림 넣고 굽는형 : 칼집내기

▶ 패닝

▶ 식용유 바르기

▶ 반달형 : 반으로 접어 성형

▶ 패닝

 **Tip** 크림빵의 성형 시 둥글리기한 반죽을 타원형으로 만든 다음 밀어 펴기를 하되 적절한 덧가루를 사용하여 표피가 찌그러지거나 줄무늬가 없도록 하여야 하며, 굽기 시 오래 굽거나 과도한 껍질색이 나지 않아야 충전용 크림과 조화를 이루어 부드러운 크림빵을 만들 수 있다.

단팥빵 (비상스트레이트법)
Red bean bread

단팥빵은 비상 스트레이트법으로 제조하며, 반죽 가운데 구멍을 낸 후 팥앙금과 어울리는 황금갈색으로 구워내는 빵이다.

3시간

요구사항

※ 단팥빵(비상스트레이트법)을 제조하여 제출하시오.

1. 배합표의 각 재료를 계량하여 재료별로 진열하시오. (9분)
2. 반죽은 비상 스트레이트법으로 제조하시오.
   (단, 유지는 클린업 단계에 첨가하고, 반죽온도는 30℃로 한다.)
3. 반죽 1개의 분할 무게는 50g, 팥앙금 무게는 40g으로 제조하시오.
4. 반죽은 24개를 성형하여 제조하고 남은 반죽은 감독위원의 지시에 따라 별도로 제출하시오.

재료명	비상스트레이트	
	비율(%)	무게(g)
강력분	100	900
물	48	432
이스트	7	63(64)
제빵개량제	1	9(8)
소금	2	18
설탕	16	144
마가린	12	108
탈지분유	3	27(28)
달걀	15	135(136)
계	204	1836(1838)
통팥앙금	–	1440

🔄 제조공정 (비상스트레이트법)

1. 믹싱
유지를 제외한 전 재료를 믹서볼에 넣은 다음 클린업 단계까지 혼합하고 유지를 투입한 후 일반적인 식빵 반죽시간보다 20~25% 더 혼합한다.(반죽온도 30℃)

2. 1차 발효
온도 30℃, 습도 75~80%의 조건에서 15~30분 정도 발효시킨다.

3. 분할 및 둥글리기
50g씩 분할 후 둥글리기를 한다.

4. 중간 발효
중간 발효 표면이 마르지 않도록 비닐 등으로 덮어 5~10분간 중간 발효시킨다.

5. 성형
① 둥글리기한 반죽을 가볍게 눌러 가스를 빼준 후 팥앙금을 넣고 둥글게 한 후 봉합한다.
② 팬에 놓고 손바닥으로 평평하게 눌러준 후, 목란으로 가운데 부분을 바깥쪽으로 밀어내 늘리며 중앙을 오목하게 구멍을 낸다.
③ 방금 충전한 반죽을 팬에 패닝 후 목란의 평평한 부분으로 납작하게 눌러 모양을 낸다.

6. 패닝
간격을 맞추고 12개씩 패닝한다.

7. 2차 발효
온도 38℃, 습도 85%의 조건에서 약 30~40분간 발효시킨다.(시간보다는 상태로 판단하며, 팬을 흔들었을 때 반죽이 흔들리면 완료시점으로 본다)

8. 굽기
윗불 190℃, 아랫불 160℃에서 15분 정도 굽는다.(굽기 중 팬의 위치를 바꾸어서 일정한 껍질색이 나도록 조치한다)

▶ 반죽 완료

▶ 팥앙금 충전

▶ 중앙에 구멍내는 형태-목란으로 눌러주기

▶ 평평하게 눌러준 형태

Tip
1. 비상 스트레이트법은 이스트의 활성을 도모하여 발효시간을 단축시키는 방법으로 혼합시간 20~25% 증가, 반죽온도 30℃ 등의 조치를 취해야 한다.
2. 앙금이 반죽겉면에 비치지 않고 반죽 중앙에 위치하도록 충전해야 구운 색이 예쁘게 나온다. 목란을 돌리지 말고 반죽의 중앙을 좌우로 흔들어서 바닥이 보이도록 충분히 눌러준다.
3. 성형시 덧가루 사용이 과했을 경우 2차 발효 전 스프레이로 물을 분무하여 덧가루를 제거하여 껍질이 양호할 수 있다.

버터롤
Butter roll

가운데가 볼록한 번데기 모양으로 유지를 많이 사용하여 만든 부드러운 식감의 소프트롤이다.

⏱ 3시간 30분

✅ 요구사항

※ 버터롤을 제조하여 제출하시오.
1. 배합표의 각 재료를 계량하여 재료별로 진열하시오. (9분).
2. 반죽은 스트레이트법으로 제조하시오. (단, 유지는 클린업 단계에 첨가하시오.)
3. 반죽온도는 27℃를 표준으로 하시오.
4. 반죽 1개의 분할무게는 50g으로 제조하시오.
5. 제품의 형태는 번데기 모양으로 제조하시오.
6. 24개를 성형하고, 남은 반죽은 감독위원의 지시에 따라 별도로 제출하시오.

재료명	비율(%)	무게(g)
강력분	100	900
설탕	10	90
소금	2	18
버터	15	135(134)
탈지분유	3	27(26)
달걀	8	72
이스트	4	36
제빵개량제	1	9(8)
물	53	477(476)
계	196	1764

🔄 제조공정 (스트레이트법)

1. 믹싱
유지를 제외한 전 재료를 믹서볼에 넣은 다음 클린업 단계까지 혼합하고 유지를 투입한 후 최종단계까지 혼합한다.
(반죽온도 27℃)

2. 1차 발효
온도 27℃, 습도 75~80%의 조건에서 60분 정도 발효시킨다.

3. 분할 및 둥글리기
50g씩 분할 후 둥글리기를 한다.

4. 중간 발효
표면이 마르지 않도록 비닐 등으로 덮어 10~15분간 중간 발효시킨다.

5. 성형 : 번데기형
① 둥글리기한 반죽의 한쪽 면을 굴려 긴 올챙이 형태로 만든다.
② 반죽의 둥근면을 작업대 위쪽에 놓고 밀어 펴서 좁고 긴 주걱형태로 만든다.
③ 반죽의 위쪽부터 말아서 가운데 부분이 볼록한 번데기형태로 만든다.

6. 패닝
이음매가 밑으로 가도록 하여 사선방향으로 12개씩 패닝한 후 가볍게 눌러준다.

7. 2차 발효
온도 38℃, 습도 85%의 조건에서 약 30분간 발효시킨다.(시간보다는 상태로 판단하며, 팬을 흔들었을 때 반죽이 흔들리면 완료시점으로 본다)

8. 굽기
윗불 190℃, 아랫불 150℃에서 12~15분 정도 굽는다.
(굽기 중 팬의 위치를 바꾸어서 일정한 껍질색이 나도록 조치한다)

▶ 반죽 완료

▶ 올챙이 모양

▶ 밀어펴기

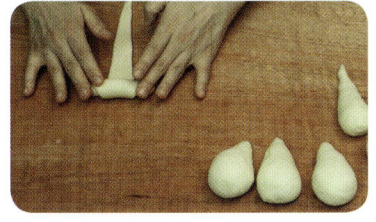
▶ 말기

▶ 패닝

> 💡 **Tip**
> 가운데가 볼록한 번데기 모양으로 결이 터지지 않아야 하고, 일정한 무늬를 위해서 반죽의 두께나 모양에 주의하여 성형하여야 한다.

스위트롤
Sweet roll

스위트롤은 반죽을 밀어 편 후 계피설탕을 뿌려 만든 것으로 계피향이 어우러진 부드러운 빵이다.

⏱ 3시간 30분

✓ 요구사항

※ 스위트롤을 제조하여 제출하시오.

1. 배합표의 각 재료를 계량하여 재료별로 진열하시오. (9분)
2. 반죽은 스트레이트법으로 제조하시오.
   (단, 유지는 클린업 단계에 첨가 하시오.)
3. 반죽온도는 27℃를 표준으로 사용하시오.
4. 야자잎형 12개, 트리플리프(세잎새형) 9개를 만드시오.
5. 계피설탕은 각자가 제조하여 사용하시오.
6. 성형 후 남은 반죽은 감독위원의 지시에 따라 별도로 제출하시오.

재료명	비율(%)	무게(g)
강력분	100	900
물	46	414
이스트	5	45(46)
제빵개량제	1	9(10)
소금	2	18
설탕	20	180
쇼트닝	20	180
탈지분유	3	27(28)
달걀	15	135(136)
계	212	1908(1912)
충전용 설탕	15	135(136)
충전용 계피가루	1.5	13.5(14)

🔄 제조공정 (스트레이트법)

1. 믹싱

유지를 제외한 전 재료를 믹서볼에 넣은 다음 클린업 단계까지 혼합하고 유지를 투입한 후 최종단계까지 혼합한다.
(반죽온도 27℃)

2. 1차 발효

온도 27℃, 습도 75~80%의 조건에서 60분 정도 발효시킨다.

3. 분할 및 둥글리기, 중간발효

2등분으로 분할 후 가볍게 둥글리기를 하고, 15분 정도 중간발효한다.

4. 성형

반죽을 밀대로 밀어 세로 30cm, 두께 0.5cm 정도의 직사각형으로 길게 밀어 편 후 이음매부분 1cm 정도만 남기고 용해버터를 바른다. 충전용 계피설탕을 뿌린 다음 손바닥으로 고루 펴준 후, 원통형으로 둥글게 말아서 이음매에 물칠한 후 봉합한다.

① 야자잎형 : 약 3cm 정도 자른 후 가운데를 3/4정도 잘라 벌려 놓는다.
② 트리플리프형 : 약 5cm 정도 자른 후 3등분으로 나누어 3/4정도 잘라 벌려 놓는다.

5. 패닝

같은 모양끼리 간격을 맞추어 패닝한다.(야자잎 12개, 트리플리프 9개)

6. 2차 발효

온도 38℃, 습도 85%의 조건에서 약 20분간 발효시킨다.(시간보다는 상태로 판단하며, 팬을 흔들었을 때 반죽이 흔들리면 완료시점으로 본다)

7. 굽기

윗불 190℃, 아랫불 150℃에서 12~15분 정도 굽는다.
(굽기 중 팬의 위치를 바꾸어서 일정한 껍질색이 나오도록 조치한다)

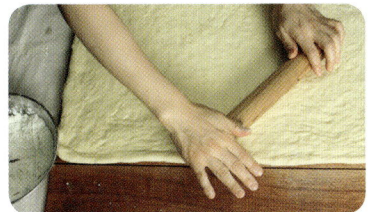
▶ 밀어펴기

▶ 용해버터 바르고 충전용 계피설탕 뿌리기

▶ 말기

▶ 자르기

▶ 패닝(야자잎)

▶ 2차 발효 완료(트리플리프)

 **Tip**
1. 스위트롤은 적절한 덧가루를 사용하여 일정한 두께로 밀어 적당한 강도로 말아야 한다.
2. 일정한 넓이로 자르되 지나치게 얇으면 굽기 시 오버베이킹되는 결과가 나오므로 주의한다.
3. 한 덩어리 반죽을 먼저 밀어펴 야자잎을 성형하고 나머지 한 덩어리 반죽을 밀어펴 트리플리프를 성형한다.

빵도넛
Yeast doughnuts

빵도넛은 황금 갈색의 부드럽고 쫄깃한 식감의 빵으로 적당한 온도의 기름에서 튀겨야 도넛의 풍미를 느낄 수 있다.

⏱ 3시간

✅ 요구사항

※ 빵도넛을 제조하여 제출하시오.

1. 배합표의 각 재료를 계량하여 재료별로 진열하시오. (12분)
2. 반죽을 스트레이트법으로 제조하시오.
   (단, 유지는 클린업 단계에서 첨가하시오.)
3. 반죽온도는 27℃를 표준으로 하시오.
4. 분할무게는 46g씩으로 하시오.
5. 모양은 8자형 22개와 트위스트형(꽈배기형) 22개로 만드시오.(남은 반죽은 감독위원의 지시에 따라 별도로 제출하시오.)

재료명	비율(%)	무게(g)
강력분	80	880
박력분	20	220
설탕	10	110
쇼트닝	12	132
소금	1.5	16.5(16)
탈지분유	3	33(32)
이스트	5	55(56)
제빵개량제	1	11(10)
바닐라향	0.2	2.2(2)
달걀	15	165(164)
물	46	506
넛메그	0.3	3.3(3)
계	194	2134(2131)

제조공정 (스트레이트법)

1. 믹싱
유지를 제외한 전 재료를 믹서볼에 넣은 다음 클린업 단계까지 혼합하고 유지를 투입한 후 최종단계까지 혼합한다. (반죽온도 27℃)

2. 1차 발효
온도 27℃, 습도 75~80%의 조건에서 60분 정도 발효시킨다.

3. 분할 및 둥글리기
46g씩 분할 후 둥글리기를 한다.

4. 중간 발효
표면이 마르지 않도록 비닐 등으로 덮어 10~15분간 중간 발효시킨다.

5. 성형
둥글리기한 반죽을 가스를 뺀 후, 두 손바닥으로 밀어 두께가 일정한 막대형으로 만든다.

① 8자형 : 반죽을 30cm 길이로 늘린 후 8자형으로 꼬아 만든다.
② 트위스트형(꽈배기형) : 반죽을 25cm로 늘린 후 꼬아 만든다.

6. 패닝
간격을 맞추고 같은 모양끼리 패닝한다.

7. 2차 발효
온도 33℃, 습도 75~80%의 조건에서 약 20분간 발효시키되, 과발효하지 않도록 주의한다.(시간보다는 상태로 판단하며, 팬을 흔들었을 때 반죽이 흔들리면 완료시점으로 본다)

8. 튀기기
180~185℃, 2~3분 정도 튀긴다.(튀기기 전 발효실에서 미리 꺼내어 표면의 물기를 살짝 건조시킨다)

▶ 성형(8자형)

▶ 비틀기

▶ 성형(꽈배기형)

▶ 팬닝

▶ 기름온도 예열

▶ 튀기기

1. 빵도넛을 튀길 때 기름온도에 주의하여야 한다. 온도가 너무 낮으면 제품이 퍼지고 흡유량이 많으며, 온도가 높으면 겉면은 타고 속은 안익는 경우가 많다.
2. 2차 발효가 과다하지 않도록 주의하고 2차 발효 후 겉면의 수분을 약간 말린 후 튀겨야 형태유지와 색을 고르게 할 수 있다.

그리시니
Grissini

그리시니는 로즈마리, 타임, 바질과 같은 허브종류 또는 치즈와 소금을 사용하여 만드는 제품으로, 바삭한 식감을 가진 길고 가는 스틱형 제품이며 이태리나 독일에서는 술안주로 즐겨먹는 빵이다.

⏱ 2시간 30분

✔ 요구사항

※ 그리시니를 제조하여 제출하시오.

1. 배합표의 각 재료를 계량하여 재료별로 진열하시오. (8분).
2. 전 재료를 동시에 투입하여 믹싱하시오. (스트레이트법)
3. 반죽온도는 27℃를 표준으로 하시오.
4. 분할무게는 30g, 길이는 35 ~ 40cm로 성형하시오.
5. 반죽은 전량을 사용하여 성형하시오.

재료명	비율(%)	무게(g)
강력분	100	700
설탕	1	7(6)
건조 로즈마리	0.14	1(2)
소금	2	14
이스트	3	21(22)
버터	12	84
올리브유	2	14
물	62	434
계	182.14	1275(1276)

🔄 제조공정 (스트레이트법)

1. 믹싱
전 재료를 믹서볼에 넣은 다음 최종 전기단계까지 혼합한다.(반죽온도 27℃)

2. 1차 발효
온도 27℃, 습도 75~80%의 조건에서 30분 정도 발효시킨다.

3. 분할 및 둥글리기
30g씩 분할 후 둥글리기를 한다.

4. 중간 발효
표면이 마르지 않도록 비닐 등으로 덮어 10~15분간 중간 발효시킨다.

5. 성형: 막대형
35~40cm정도의 긴 막대형으로 밀어 팬에 패닝한다.

6. 2차 발효
온도 35~38℃, 습도 75~80%의 조건에서 약 20분 정도 발효시킨다.(시간보다 상태로 판단한다)

7. 굽기
윗불 190℃, 아랫불 150℃에서 20분 정도 굽는다.(굽기 중 팬의 위치를 바꾸어서 일정한 껍질색이 나도록 조치한다)

▶ 반죽 완료

▶ 분할 및 둥글리기

▶ 35~40cm 정도 막대형으로 밀기

▶ 패닝

▶ 굽기 완료

Tip 성형할 때 손바닥을 이용하여 여러 번 나누어 밀어 펴야 일정한 두께와 길이를 만들 수 있다.

모카빵
Mocha bread

모카빵은 커피를 이용해 만든 빵으로 커피빵이라고도 하며 커피맛의 빵과 바삭한 토핑의 두가지 맛을 즐길 수 있는 빵이다.

⏱ 3시간 30분

✓ 요구사항

※ 모카빵을 제조하여 제출하시오.
1. 배합표의 빵반죽 재료를 계량하여 재료별로 진열하시오(11분).
2. 반죽은 스트레이트법으로 제조하시오.
   (단, 유지는 클린업 단계에서 첨가하시오.)
3. 반죽온도는 27℃를 표준으로 하시오.
4. 반죽 1개의 분할무게는 250g, 1개당 비스킷은 100g씩으로 제조하시오.
5. 제품의 형태는 타원형(럭비공 모양)으로 제조하시오.
6. 토핑용 비스킷은 주어진 배합표에 의거 직접 제조하시오.
7. 완제품 6개를 제출하고 남은 반죽은 감독위원의 지시에 따라 별도로 제출하시오.

※ 빵반죽

재료명	비율(%)	무게(g)
강력분	100	850
물	45	382.5(382)
이스트	5	42.5(42)
제빵개량제	1	8.5(8)
소금	2	17(16)
설탕	15	127.5(128)
버터	12	102
탈지분유	3	25.5(26)
달걀	10	85(86)
커피	1.5	12.75(12)
건포도	15	127.5(128)
계	209.5	1780.75 (1780)

※ 토핑용 비스킷

재료명	비율(%)	무게(g)
박력분	100	350
버터	20	70
설탕	40	140
달걀	24	84
베이킹파우더	1.5	5.25(5)
우유	12	42
소금	0.6	2.1(2)
계	198.1	693.35(693)

🔄 제조공정 (스트레이트법)

1. 믹싱
유지를 제외한 전 재료를 믹서볼에 넣은 다음 클린업 단계까지 혼합하다가 유지를 넣고 최종단계까지 혼합한 후 건포도를 넣고 저속으로 가볍게 혼합하여 마무리한다.(반죽온도 27℃)

2. 1차 발효
온도 27℃, 습도 75~80%의 조건에서 60분 정도 발효시킨다.

3. 분할 및 둥글리기
250g씩 분할 후 둥글리기를 한다.

4. 중간 발효
표면이 마르지 않도록 비닐 등으로 덮어 10~15분간 중간 발효시킨다.

5. 성형 : 타원형(럭비공 모양)
① 둥글리기한 반죽을 가볍게 눌러 가스를 빼준 후 밀대로 밀어 타원형이 되게 한다.
② 반죽을 뒤집어서 럭비공형의 타원형이 되도록 말아준 후 이음매를 봉한다.
③ 토핑반죽을 100g씩 밀어서 반죽 윗면에 씌운다.

6. 패닝
이음매가 밑으로 가도록 하여 팬에 3개씩 패닝한다.

7. 2차 발효
온도 38℃, 습도 85%의 조건에서 약 30분간 발효시킨다.(시간보다 상태로 판단하며, 온도와 습도가 높지 않도록 주의하며 과발효가 되지 않도록 주의한다)

8. 굽기
윗불 180℃, 아랫불 160℃에서 25~30분 정도 굽는다.(굽기 중 팬의 위치를 바꾸어서 일정한 껍질색이 나도록 조치한다)

＊ 토핑용 비스킷 만들기
① 버터를 부드럽게 풀어준 후 설탕, 소금을 혼합하고 달걀을 넣어 크림화한다.
② 체질한 박력분, 베이킹파우더와 우유를 넣고 반죽하여 냉

▶ 반죽 완료

▶ 밀어펴기

▶ 말기

▶ 토핑 씌우기

▶ 패닝

● 토핑용 비스킷 만들기

● 토핑용 비스킷 만들기 - 냉장휴지

Tip 반죽에 커피를 첨가하여 발효가 지연되므로 발효상태에 유의해야 하고, 토핑의 두께가 너무 얇으면 흘러내리거나 터짐이 불규칙하므로 토핑의 상태에 주의한다.

베이글
Bagel

베이글은 치밀한 조직과 딱딱하고 윤기 나는 껍질이 특징이며 크림치즈나 햄, 치즈 등을 이용해 샌드위치로 많이 이용되는 빵이다.

⏱ 3시간 30분

✅ 요구사항

※ 베이글을 제조하여 제출하시오.

1. 배합표의 각 재료를 계량하여 재료별로 진열하시오. (7분)
2. 반죽은 스트레이트법으로 제조하시오.
3. 반죽 온도는 27℃를 표준으로 하시오.
4. 1개당 분할중량은 80g씩으로 분할하고 링모양으로 정형하시오.
5. 반죽은 전량을 사용하여 성형하시오.
6. 2차 발효 후 끓는 물에 데쳐 패닝하시오.
7. 팬 2개에 완제품 16개를 구워 제출하고 남은 반죽은 감독위원의 지시에 따라 별도로 제출하시오.

재료명	비율(%)	무게(g)
강력분	100	800
물	55~60	440~480
이스트	3	24
제빵개량제	1	8
소금	2	16
설탕	2	16
식용유	3	24
계	166~171	1328~1368

제조공정 (스트레이트법)

1. 믹싱
전 재료를 믹서볼에 넣은 다음 최종전기단계까지 혼합한다.(반죽온도 27℃)

2. 1차 발효
온도 27℃, 습도 75%의 조건에서 40분 정도 발효시킨다.

3. 분할 및 둥글리기
80g씩 분할 후 둥글리기를 한다.

4. 중간 발효
표면이 마르지 않도록 비닐 등으로 덮어 10~15분간 중간 발효시킨다.

5. 성형 : 링모양
① 반죽을 눌러 가스를 뺀 후 20~25cm의 막대형으로 늘여 편다.
② 반죽의 한쪽 끝을 눌러 편 다음 다른 쪽 끝을 감싼 후 이음매를 단단히 봉한다.

6. 패닝
이음매가 밑으로 가도록 하여 팬에 8개씩 패닝한다.

7. 2차 발효 및 데치기
온도 35℃, 습도 75~80%의 조건에서 20분 정도 발효시킨 후 끓는 물(90℃정도)에 넣어 한쪽면을 15~20초 정도씩 데친다.

8. 굽기
윗불 200~210℃, 아랫불 170~180℃에서 20분 정도 굽는다.

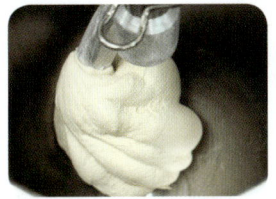
▶ 반죽 완료

▶ 1차 발효 확인

▶ 가스빼기

▶ 밀어펴기

▶ 봉하기

▶ 패닝

▶ 끓는 물 준비

▶ 데치기

 **Tip**
1. 베이글 성형 시 이음매 부분을 매끄럽게 하고 전체 링이 같은 두께가 되도록 한다.
2. 2차 발효가 오버되거나 데치는 시간을 길게 하면 반죽이 쭈글거리므로 주의하여야 한다.

unit 019 소시지빵
Sausage bread

소시지빵은 반죽에 소시지를 넣어 모양을 내고 햄, 야채 등의 토핑과 충전물을 사용한 조리빵이다.

⏱ 3시간 30분

✔ 요구사항

※ **소시지빵을 제조하여 제출하시오.**

1. 반죽 재료를 계량하여 재료별로 진열하시오(10분).
   (토핑 및 충전물 재료의 계량은 휴지시간을 활용하시오.)
2. 반죽은 스트레이트법으로 제조하시오.
3. 반죽온도는 27℃를 표준으로 하시오.
4. 분할무게는 70g씩 분할하시오.
5. 완제품(토핑 및 충전물 완성)은 12개를 제조하여 제출하고 남은 반죽은 감독위원이 지정하는 장소에 따로 제출하시오.
6. 충전물은 발효시간을 활용하여 제조하시오.
7. 정형모양은 낙엽모양 6개와 꽃잎모양 6개씩 2가지로 만들어서 제출하시오.

※ 배합표(반죽)

재료명	비율(%)	무게(g)
강력분	80	560
중력분	20	140
물	52	364
생이스트	4	28
제빵개량제	1	6
소금	2	14
설탕	11	76
마가린	9	62
탈지분유	5	34
달걀	5	34
계	189	1318

※ 토핑 및 충전물(계량시간에서 제외)

재료명	비율(%)	무게(g)
프랑크소시지	100	(480)
양파	72	336
마요네즈	34	158
피자치즈	22	102
케첩	24	112
계	252	1188

🔄 제조공정 (스트레이트법)

1. 믹싱
전 재료를 믹서볼에 넣은 다음 클린업 단계까지 혼합하고 유지를 투입한 후 최종단계까지 혼합한다.
(반죽온도 27℃)

2. 1차 발효
온도 27℃, 습도 75~80%의 조건에서 60분 정도 발효시킨다.

3. 토핑 및 충전물
양파는 채 썰거나 다진 후 피자치즈와 마요네즈 일부에 버무린다.

4. 분할 및 둥글리기
70g씩 분할 후 둥글리기를 한다.

5. 중간 발효
표면이 마르지 않도록 비닐 등으로 덮어 10~15분간 중간 발효시킨다.

6. 성형 및 패닝
① 둥글리기한 반죽을 가볍게 눌러 가스를 빼준 후 소시지를 넣고 말아준다.
② 꽃잎모양 : 반죽을 6~7등분하여 링 모양으로 둥글게 돌린 후 패닝한다.
③ 낙엽모양 : 반죽을 비스듬히 9~10등분하여 엇갈리게 패닝한다.

7. 2차 발효 및 토핑
온도 38℃, 습도 85%의 조건에서 약 20분간 발효시킨 후 충전물을 골고루 올리고, 나머지 마요네즈와 케첩을 짠다.

8. 굽기
윗불 200℃, 아랫불 160℃에서 12~15분 정도 굽는다.

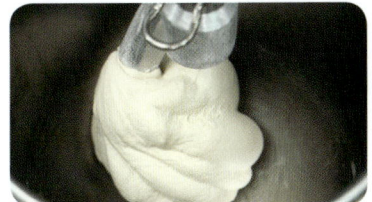
▶ 반죽 완료

▶ 1차 발효 확인

▶ 소시지 감싸기

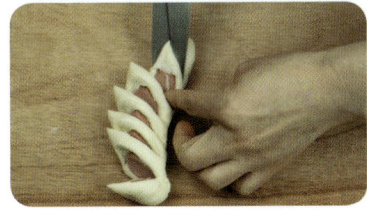
▶ 자르기

▶ 성형 : 꽃모양

▶ 성형 : 낙엽모양

▶ 토핑 올리기

▶ 케첩 뿌리기

쌀식빵
Rice white pan bread

식빵의 맛과 영양에 대한 관심을 높이고 쌀의 소비를 늘릴 수 있도록 쌀가루를 섞어 만든 식빵이다.

⏱ 3시간 40분

✓ 요구사항

※ 다음 요구사항대로 쌀식빵을 제조하여 제출하시오.

1. 배합표의 각 재료를 계량하여 재료별로 진열하시오(9분).
2. 반죽은 스트레이트법으로 제조하시오.
   (단, 유지는 클린업 단계에 첨가하시오.)
3. 반죽 온도는 27℃를 표준으로 하시오.
4. 표준분할무게는 198g으로 하고, 제시된 팬의 용량을 감안하여 결정하시오.
   (단, 분할무게×3을 1개의 식빵으로 함)
5. 반죽은 전량을 사용하여 성형하시오.

재료명	비율(%)	무게(g)
강력분	70	910
쌀가루	30	390
물	63	819(820)
생이스트	3	39(40)
소금	1.8	23.4(24)
설탕	7	91(90)
쇼트닝	5	65(66)
탈지분유	4	52
제빵개량제	2	26
계	185.8	2415.4(2418)

🔄 제조공정 (스트레이트법)

1. 믹싱
유지를 제외한 전재료를 믹서볼에 넣고 클린업 단계까지 혼합하고 유지를 투입한후 최종전기단계까지 혼합한다.(반죽온도 27℃)

2. 1차 발효
온도 27℃, 습도 75~80%의 조건에서 40분 정도 발효시킨다.

3. 분할 및 둥글리기
198g씩 12개 분할 후 둥글리기를 한다.

4. 중간발효
표면이 마르지 않도록 비닐 등으로 덮어 10~15분간 중간 발효시킨다.

5. 성형 : 산형
① 둥글리기한 반죽을 가볍게 눌러 가스를 빼준 후 밀대로 밀어 타원형이 되게 한다.
② 반죽을 뒤집어 3겹접기를 하여 둥글게 말아서 이음매를 봉한다.

6. 패닝
이음매가 밑으로 가도록 하여 3개를 1조로 팬에 넣고 윗면을 눌러 준다.(식빵팬 4개)

7. 2차 발효
온도 38~40℃, 습도 85~90%의 조건에서 팬 높이보다 1cm 위까지 발효시킨다.

8. 굽기
윗불 170~180℃, 아랫불 190~200℃에서 30분 정도(굽기중 팬의 위치를 바꾸어서 일정한 껍질색이 나도록 조치한다).

▶ 반죽 완료

▶ 1차 발효

▶ 분할 및 둥글리기

▶ 밀여펴기

▶ 3겹 접기

▶ 2차 발효

Tip 쌀가루의 함량만큼 글루텐 성분이 부족하므로 성형 시 무리한 힘을 주지 않도록 한다.

제과기능장이 전하는 제과제빵 기능사 실기 >>>
산업기사 실기 공개 & 예상 품목

Part 04

제과

unit		page
001	아몬드제노와즈	106
002	멥쌀 스펀지 케이크(공립법)	108
003	밤과자	110
004	마카롱 쿠키	112
005	퍼프 페이스트리	114
006	사과파이	116
007	찹쌀 도넛	118

제빵

unit		page
001	잉글리시 머핀	120
002	브리오슈	122
003	더치빵	124
004	프랑스빵	126
005	페이스트리 식빵	128
006	데니시 페이스트리	130

아몬드제노와즈
Almond genoise

⏱ 2시간

✅ 요구사항

※ 아몬드제노와즈(공립법)를 제조하여 제출하시오.
1. 배합표의 각 재료를 계량하여 재료별로 진열하시오(5분).
2. 반죽은 공립법으로 제조하시오.
3. 반죽온도는 25℃를 표준으로 하시오.
4. 반죽의 비중을 측정하시오(0.48±0.05).
5. 제시한 팬에 알맞도록 분할하시오.
6. 반죽은 전량을 사용하여 성형하시오.

재료명	무게(g)
박력분	640
아몬드분말	160
설탕	640
달걀	880
버터	120
계	2440

🔄 제조공정 (공립법)

1. 반죽하기
① 달걀 휘핑하기 – 달걀을 풀어 준 후, 설탕을 넣고 중탕으로 데운다.(43℃ 정도)
② 고속으로 휘핑하여 거품을 낸 후, 중속으로 낮추어 반죽을 매끈하게 다듬어 준다.
③ 박력분과 아몬드분말을 혼합하여 체를 치고 달걀반죽에 넣고 빠르게 혼합한다.
④ 용해버터(60℃ 정도)를 넣고 혼합한다.
⑤ 반죽온도측정(25℃), 비중측정(0.48±0.05) 후 3호팬 4개에 반죽을 부어 준다.

2. 굽기
윗불 180℃, 아랫불 160℃의 오븐에 30분 전후로 구워낸다.

▶ 믹싱 완료

▶ 가루류 혼합

▶ 버터 혼합

▶ 비중 측정

▶ 팬 준비

▶ 패닝

▶ 굽기 완료

멥쌀 스펀지 케이크 (공립법)
Noglutinous rice sponge cake

멥쌀가루를 사용하여 담백한 식감을 가진 스펀지 케이크이다.

✅ 요구사항

※ 멥쌀 스펀지 케이크(공립법)를 제조하여 제출하시오.

1. 배합표의 각 재료를 계량하여 재료별로 진열하시오. (6분)
2. 반죽은 공립법으로 제조하시오.
3. 반죽온도는 25℃를 표준으로 하시오.
4. 반죽의 비중을 측정하시오.
5. 제시한 팬에 알맞도록 분할하시오.
6. 반죽은 전량을 사용하여 성형하시오.

재료명	비율(%)	무게(g)
멥쌀가루	100	500
설탕	110	550
달걀	160	800
소금	0.8	4
바닐라향	0.4	2
베이킹파우더	0.4	2
계	371.6	1858

제조공정 (공립법)

1. 반죽하기
① 달걀을 풀어준 후 설탕, 소금을 넣고 고속으로 충분히 휘핑한다.
   (겨울철에는 중탕으로 43℃ 정도로 데운 후 휘핑한다)
② 거품자국이 나고 연한 미색이 되면, 중속으로 다듬어 준다.
③ 멥쌀가루와 베이킹파우더, 향을 체친 후 넣고 나무 주걱으로 매끈하게 혼합한다.
   (반죽온도 25℃, 비중 0.55 ±0.05)
④ 원형팬에 종이를 깔고 60% 정도 패닝한다.

2. 굽기
윗불 180℃, 아랫불 160℃, 25~30분 정도.

▶ 중탕으로 데우기

▶ 달걀 휘핑하기

▶ 멥쌀가루 혼합

▶ 반죽 온도 측정

▶ 패닝

Tip
1. 반죽의 온도가 너무 낮으면 달걀 휘핑 시 기포 형성이 적어 높은 비중의 제품이 되기 쉽다.
2. 달걀을 중탕으로 데워(43℃) 설탕을 녹인 후 휘핑하는 것이 기포 형성이 빠르고 작업이 용이하다.
3. 유지가 들어가지 않는 배합은 패닝하기 전 반죽 비중이 낮아 되기가 되직하여, 껍질과 기공이 거칠어지므로 비중 조절에 유의 한다.

밤 과자
Chestnut bun

일본과자의 하나로 흰 앙금을 충전하여 만든 밤모양 과자이다.

✔요구사항

※ 밤과자를 제조하여 제출하시오.

1. 배합표의 각 재료를 계량하여 재료별로 진열하시오. (8분).
2. 반죽은 중탕하여 냉각시킨 후 반죽 온도는 20℃를 표준으로 하시오.
3. 반죽 분할은 20g씩 하고, 앙금은 45g으로 충전하시오.
4. 제품 성형은 밤모양으로 하고 윗면은 달걀 노른자와 캐러멜 색소를 이용하여 광택제를 칠하시오.
6. 반죽은 전량을 사용하여 성형하시오.

재료명	비율(%)	무게(g)
박력분	100	200
달걀	45	90
설탕	60	120
물엿	6	12
연유	6	12
베이킹파우더	2	4
버터	5	10
소금	1	2
계	225	450
흰앙금	525	1050
참깨	13	26

🔄 제조공정

1. 반죽하기
① 달걀을 풀어준 후 설탕, 소금, 물엿, 연유를 넣고 중탕으로 설탕을 녹인후 버터를 녹인다.
② 찬물에 담가 20℃ 정도까지 냉각시킨 후, 박력분 + 베이킹파우더를 체에 쳐서 넣고 혼합한다.
③ 덧가루를 뿌려주며 작업대에 반죽을 놓고 치대어 되기를 조절한다.
④ 실온이나, 냉장고에 넣어 20분 정도로 휴지시킨다.

2. 성형하기
① 반죽을 20g, 흰 앙금을 45g으로 분할한다.
② 반죽 속에 앙금을 충전시켜 밤모양으로 성형한다.
   (둥글넓적하게 눌러주고 한쪽 끝을 뾰쪽하게 세운 후, 다른 쪽에는 물을 묻힌 후 참깨를 묻힌다.)
③ 팬에 패닝한 후 물을 분무하여 덧가루를 제거한다.
④ 물기가 마르면 노른자에 캐러멜 색소를 소량 넣은 후 윗면에 발라준다.

3. 굽기
윗불 200℃, 아랫불 140℃, 15~20분 정도.

▶ 중탕으로 데우기

▶ 찬물에 담가 냉각시키기

▶ 가루재료 혼합

▶ 덧가루 사용 반죽 치대기

▶ 분할

▶ 한 쪽 끝을 뾰쪽하게 세우기

▶ 물 묻힌 후 참깨 묻히기

▶ 밤모양 성형

▶ 물 뿌려 덧가루 제거

▶ 노른자에 캐러멜 색소를 윗면에 바르기

1. 앙금 충전 시 중앙으로 잘 모아지게 충전한다.
2. 물을 분무하여 덧가루 제거 시 소량만 분무하고, 잘 마른 후 노른자 칠을 하여야 예쁜 표면이 만들어 진다.
3. 표면이 터질 수 있으니 오버 베이킹이 되지 않게 주의한다.

마카롱 쿠키
Macaron cookie

이탈리아에서 처음 만들어진 과자로 지금은 프랑스 낭스 지방의 마카롱이 유명하다.
겉은 바삭, 속은 촉촉하고 쫄깃한 식감의 과자이다.

✅ 요구사항

※ **마카롱 쿠키를 제조하여 제출하시오.**
1. 배합표의 각 재료를 계량하여 재료별로 진열하시오. (5분)
2. 반죽은 머랭을 만들어 수작업 하시오.
3. 반죽온도는 22℃를 표준으로 하시오.
4. 원형모양깍지를 끼운 짤주머니를 사용하여 완제품의 직경이 4cm가 되도록 하시오.
5. 반죽은 전량을 사용하여 성형하고, 팬 2개를 구워 제출하시오.

※ 수험자는 테프론시트 또는 실리콘페이퍼를 지참한 경우, 성형 작업에 사용할 수 있습니다.

재료명	비율(%)	무게(g)
아몬드분말	100	200
분당	180	360
달걀흰자	80	160
설탕	20	40
바닐라 향	1	2
계	381	762

🔄 제조공정 (머랭법)

1. 반죽하기
① 아몬드 분말 + 분당을 함께 체 쳐서 혼합해 놓는다.
② 흰자에 설탕을 조금씩 넣으며 휘핑하여 90% 정도의 머랭을 만든다.
③ 체친 가루에 머랭을 나누어 넣고 매끈하게 혼합한다.

2. 성형하기
① 원형모양깍지를 끼워 짤주머니에 반죽을 채우고 철판에는 기름칠을 얇게 하거나 실리콘 페이퍼를 깔아 준다.
② 직경 3~3.5cm 정도의 원반형으로 짠다.
③ 실온에 그대로 방치하여 30~40분 정도 표면을 건조시킨다.

3. 굽기
윗불 170℃, 아랫불 150℃, 15분 정도.

4. 마무리
팬에 종이를 깔았을 경우, 쿠키를 냉각시킨 다음 뒷면에 물을 분무하여 쿠키를 떼어낸다.

▶ 흰자에 설탕 넣으며 휘핑

▶ 머랭의 상태

▶ 가루재료와 혼합

▶ 매끈하게 혼합된 상태

▶ 원형 모양 깍지를 사용하여 짜기

 **Tip**
1. 머랭을 단단하게 올린 다음 가루류와 혼합 시 매끈하게 혼합한다.
2. 표면을 제대로 건조시킨 후 구워야 표면이 터지는 것을 방지할 수 있다.
3. 굽기 후, 팬 채로 쿠키를 냉각시켜서 분리해야 부서지지 않는다.

퍼프 페이스트리
Puff pastry

반죽과 반죽 사이에 유지를 넣고 여러 번 밀고 접기를 반복하여 여러겹의 결을 형성하는 제품으로, 설탕이나 글레이즈를 뿌려 달콤하게 먹기도 한다.

✅ 요구사항

※ 퍼프 페이스트리를 제조하여 제출하시오.

1. 배합표의 각 재료를 계량하여 재료별로 진열하시오. (6분).
2. 반죽은 스트레이트법으로 제조하시오.
3. 반죽온도는 20℃를 표준으로 하시오.
4. 접기와 밀어 펴기는 3겹접기 4회로 하시오.
5. 정형은 감독위원의 지시에 따라 하고 평철판을 이용하여 굽기를 하시오.
6. 반죽은 전량을 사용하여 성형하시오.

재료명	비율(%)	무게(g)
강력분	100	800
달걀	15	120
마가린	10	80
소금	1	8
찬물	50	400
충전용 마가린	90	720
계	266	2128

🔄 제조공정 (스트레이트법)

1. 반죽하기
① 전 재료를 넣고 반죽이 매끈해질 때(발전후기단계)까지 믹싱한다.
② 반죽을 비닐에 싸서 냉장휴지 시킨다.
③ 충전용 마가린은 반죽의 되기와 같게 부드럽게 하고 사각모양으로 만든다.
④ 반죽을 불가사리 모양으로 밀어 편 후 (마가린 크기와 맞춘다) 중앙에 충전용 마가린을 놓고 감싸준다.
⑤ 길게 밀어 편 후 3겹접기를 한다.(1회) → 냉장휴지 15분 → 다시 밀어 펴 3겹접기(2회) → 냉장휴지
　→ 밀어 펴 3겹접기(3회) → 냉장휴지 → 밀어 펴 3겹접기(4회) → 냉장휴지

2. 정형하기
① 두께 1cm로 밀어 편 후 세로 12cm, 가로 4cm의 사각모양으로 재단한다.
② 가운데 부분을 한쪽만 360°로 비틀어 철판에 패닝한다.
③ 덧가루를 제거한 다음 10분 정도 실온에서 휴지시킨 후 굽는다.

3. 굽기
윗불 200℃, 아랫불 170℃, 20분 정도.

▶ 반죽하기

▶ 냉장 휴지

▶ 충전용 마가린 놓고 감싸기

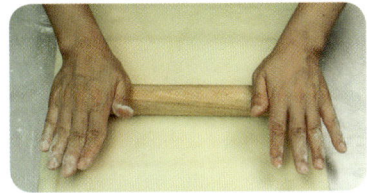
▶ 길게 밀어 펴기

▶ 3겹접기

▶ 절단하기

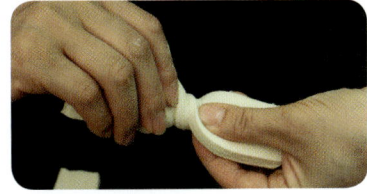
▶ 가운데 360° 비틀기

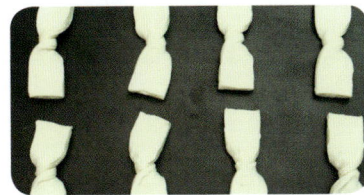
▶ 패닝

1. 유지의 되기와 반죽의 되기를 같게 하여 동시에 밀어 펴기가 되도록 한다.
2. 절단과 꼬기를 할 때도 절단면이 눌리지 않도록 세심한 주의가 필요하다.

unit 006 사과 파이
Apple pie

파이 반죽에 사과 충전물을 넣고 모양을 낸 디저트 제품이다.

✓ 요구사항

※ **사과파이를 제조하여 제출하시오.**

1. 껍질 재료를 계량하여 재료별로 진열하시오.(6분)
2. 껍질에 결이 있는 제품으로 제조하시오.
3. 충전물은 개인별로 각자 제조하시오.
4. 제시한 팬(지름 약 12~15cm)에 맞추어 총 4개를 만들고, 격자무늬(2개)와 뚜껑을 덮는 형태(2개)를 만드시오.
5. 반죽은 전량을 사용하여 성형하시오.
6. 충전물의 양은 팬의 크기에 따라 조정하여 사용하시오.

※ 껍질

재료명	비율(%)	무게(g)
중력분	100	400
설탕	3	12
소금	1.5	6
쇼트닝	55	220
탈지분유	2	8
냉수	35	140
계	196.5	786

※ 충전물(충전용 재료는 계량시간에서 제외)

재료명	비율(%)	무게(g)
사과	100	700
설탕	18	126
소금	0.5	3.5(4)
계피가루	1	7(8)
옥수수 전분	8	56
물	50	350
버터	2	14
계	179.5	1256.5(1258)

제조공정

1. 껍질 반죽하기
① 작업대에 중력분, 분유를 체쳐서 그 위에 단단한 쇼트닝을 넣고 스크레이퍼를 이용하여 쇼트닝을 콩알 크기로 다진다.
② 냉수에 설탕, 소금을 넣고 녹인 후 밀가루 위에 붓고 반죽하여 한 덩어리가 되게 한다.
③ 비닐에 싸서 20분 정도 냉장휴지 시킨다.

2. 충전물 만들기
① 사과는 껍질과 씨를 제거한 후 작은 깍뚝썰기나 나박썰기를 한다.
② 볼에 버터와 사과를 제외한 전 재료를 넣고 혼합 후, 불에 올려 걸쭉하게 끓인다.
③ 버터를 넣고 녹인 후, 사과를 넣고 잘 버무린다.

3. 성형하기
① 파이 팬에 쇼트닝을 발라 놓는다.
② 반죽을 두께 0.3cm로 밀어 펴 팬에 깔아준 후, 바닥은 포크로 구멍을 낸다.
③ 사과 충전물을 적당히 넣고 가장자리에 물칠을 한다.
④ 덮개용 반죽을 밀어 편 후 폭 1cm 정도로 잘라 격자 모양으로 덮어 모양을 낸 다음 가장자리를 잘라낸다.
⑤ 다른 한 개는 원형으로 윗면을 덮은 후 가장자리를 눌러 붙인 다음 중앙에 +자로 칼집을 낸다.
⑥ 윗면 전체에 고르게 노른자 칠을 한다.

4. 굽기
윗불 190℃, 아랫불 200℃, 30분 정도(파이껍질 아랫부분까지 구운 색이 나야한다).

▶ 쇼트닝 다지기

▶ 물 붓고 반죽하기

▶ 냉장휴지

▶ 충전물 끓이기

▶ 사과 넣고 버무리기

▶ 적당량 떼어 밀어펴기

▶ 팬에 깔고 바닥에 구멍내기

▶ 사과 충전하기

▶ 격자로 모양내기

▶ 중앙 칼집내기

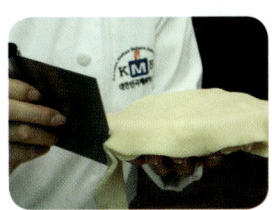
▶ 가장자리 잘라내기

▶ 윗면에 노른자 칠하기

 **Tip**
1. 사과 충전물을 만들 때 사과를 넣고 불에서 오래 졸이면 시럽이 나와 충전물이 끓어 넘칠 수 있다.
2. 사과를 넣고 가볍게 버무리는 정도만 한다.

찹쌀 도넛
Glutinous rice doughnut

찹쌀가루를 익반죽하여 팥 앙금을 충전한 도넛이다.

✔요구사항

※ **찹쌀도넛을 제조하여 제출하시오.**

1. 배합표의 각 재료를 계량하여 재료별로 진열하시오. (8분)
2. 반죽은 1단계법, 익반죽으로 제조하시오.
3. 반죽 1개의 분할 무게는 40g, 팥앙금 무게는 20g으로 제조하시오.
4. 반죽은 전량을 사용하여 성형하시오.
5. 기름에 튀겨낸 뒤 설탕을 묻히시오.

재료명	비율(%)	무게(g)
찹쌀가루	85	510
중력분	15	90
설탕	15	90
소금	1	6
베이킹파우더	2	12
베이킹소다	0.5	2
쇼트닝	6	36
물	22~26	132~156
계	146.5~150.5	878~902
통팥앙금	73.3	440
설탕	13.3	80

🔄 제조공정 (1단계법)

1. 반죽하기
① 찹쌀가루와 중력분, 베이킹 파우더 + 소다는 체로 치고 쇼트닝은 부드럽게 녹이며 물은 끓는 물로 준비한다.
② 믹싱볼에 전 재료를 넣고 저속1분, 중속 3~5분 정도 믹싱하여 매끈하게 뭉치는 정도로 반죽한 다음 비닐로 덮어 실온에서 휴지시킨다.
③ 40g으로 분할하여 20g의 팥 앙금을 충전한다.

2. 튀기기
① 170~180℃의 기름에 도넛을 5~6개 정도 넣는다.
② 도넛이 기름 위로 떠오르면 약불로 낮추고 망을 이용하여 원을 그리며 눌러 주면서 황금 갈색이 날 때까지 튀긴다.
③ 완전히 식힌 후, 설탕을 묻힌다.

▶ 가루재료 체치기

▶ 익반죽한 상태

▶ 분할하고 앙금 충전하기

▶ 180℃의 기름에 반죽넣기

▶ 망을 이용하여 원을 그리며 튀기기

▶ 황금 갈색의 도넛

▶ 설탕 묻히기

 **Tip**
1. 물의 온도에 주의한다. (익반죽)
2. 반죽에 앙금을 충전할 때 앙금이 한쪽으로 치우치지 않게 위치를 정 중앙으로 잘 충전한다.
3. 기름에 튀길 때 반죽을 넣고 불을 약하게 줄여 천천히 튀겨야 설익거나 타는 것을 방지할 수 있다.

잉글리시 머핀
English muffin

⏱ 3시간 20분

✅ 요구사항

※ 잉글리시머핀을 제조하여 제출하시오.

1. 배합표의 각 재료를 계량하여 재료별로 진열하시오(8분).
2. 스트레이트법 공정에 의해 제조하시오.
   (반죽온도는 27℃로 한다.)
3. 표준분할무게는 40g으로 분할하시오.
   (별도의 잉글리시머핀틀을 사용하지 않고 제조하시오.)
4. 반죽은 전량을 사용하여 성형하시오.

재료명	비율(%)	무게(g)
강력분	100	1000
물	60	600
이스트	3	30
제빵개량제	2	20
소금	1	10
설탕	4	40
버터	6	60
사과식초	0.5	5(6)
계	176.5	1765

🔄 제조공정 (1단계법)

1. 믹싱
버터를 제외한 전 재료를 넣고 클린업 단계에서 버터를 넣고 최종단계 후반 또는 렛다운 단계까지 반죽한다.(반죽온도 27℃)

2. 1차 발효
발효실에 넣어 60분 정도 1차 발효한다.

3. 분할, 둥글리기, 중간 발효
40g으로 분할하여 둥글리기하고 15분 정도 중간 발효한다.

4. 성형
① 발효된 반죽을 다시 살짝 재둥글리기하여 납작하게 눌러준다.
② 반죽에 물을 분무해준 후, 세몰리나 가루(옥수수 분말로 대체할 수 있다.)를 양쪽에 피복시킨다.

5. 패닝
10개 또는 12개를 패닝한다.

6. 2차 발효
30~40분 정도 2차 발효한다.

7. 굽기
① 가장자리에 지탱해 줄 높이 3cm 정도의 지지대를 놓고 반죽 위로 테프론지를 덮어주거나, 철판 바닥에 기름칠을 하여 덮어준다.
② 윗불 210℃ 아랫불 160℃ 의 오븐에 15~20분 구워준다.

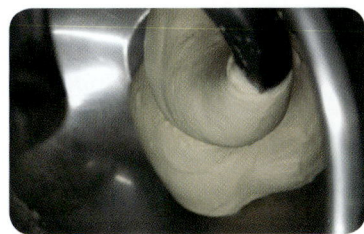
▶ 믹싱완료

▶ 1차 발효 완료

▶ 분할 후 둥글리기

▶ 재둥글리기

▶ 세몰리나 가루 피복하며 납작하게 누르기

▶ 패닝

▶ 굽기 준비(테프론지-위철판 덮개용)

▶ 굽기 완료

브리오슈
Brioche

인체의 모양을 본뜬 브리오슈 아 테트(Brioche a t^ete)는 오뚜기 형태의 빵으로 유지함량이 많아 부드럽고 전체적으로 윤기가 나는 황금갈색의 고배합 빵이다.

✅ 요구사항

※ 브리오슈를 제조하여 제출하시오.

1. 배합표의 각 재료를 계량하여 재료별로 진열하시오. (10분).
2. 반죽은 스트레이트법으로 제조하시오.
   (단, 유지는 클린업 단계에 첨가하시오.)
3. 반죽 온도는 25~26℃를 표준으로 하시오.
4. 분할무게는 40g 씩이며, 오뚜기 모양으로 제조하시오.
5. 반죽은 전량을 사용하여 성형하시오.

재료명	비율(%)	무게(g)
강력분	100	900
물	30	270
이스트	8	54
소금	1.5	13.5(14)
마가린	20	180
버터	20	180
설탕	15	135(136)
분유	5	45(46)
달걀	30	270
브랜디	1	9(8)
계	230.5	2074.5(2076)

제조공정 (스트레이트법)

1. 믹싱
유지를 제외한 전 재료를 믹서볼에 넣은 다음 클린업 단계까지 혼합하고 유지를 나누어 투입한 후 최종단계까지 혼합한다.(반죽온도 25~26℃)

2. 1차 발효
온도 30℃, 습도 75~80%의 조건에서 60분 정도 발효시킨다.

3. 분할 및 둥글리기
40g씩 분할 후 둥글리기를 한다.

4. 중간 발효
표면이 마르지 않도록 비닐 등으로 덮어 10~15분간 중간 발효시킨다.

5. 성형 및 패닝 : 오뚜기형
반죽의 1/4정도(머리)를 떼어 낸 나머지 반죽(몸통)을 둥글리기 후 브리오슈틀에 패닝하여 발효시키면서 머리부분의 반죽을 둥글리기한다.

6. 2차 발효
몸통반죽을 팬 높이까지 발효시킨 후 반죽의 중앙에 구멍을 내고, 머리의 뾰족한 부분을 구멍에 올려 오뚜기형으로 성형한다.

7. 굽기
윗불 190℃, 아랫불 170℃에서 15분 정도 굽는다.(굽기 중 팬의 위치를 바꾸어서 일정한 껍질색이 나도록 조치한다)

▶ 반죽 완료

▶ 몸통과 머리 나누기

▶ 꼬리 만들기

▶ 구멍내기

▶ 2차 발효 완료

 **Tip**
오뚜기 모양으로 균형잡힌 성형이 되어야 하며, 유지함량이 많은 제품이므로 글루텐이 충분히 형성된 후 유지를 나누어 투입하도록 하고, 굽기 시 전체적으로 윤기가 나는 황금갈색을 띠도록 한다.

더치빵
Dutch bread

발효된 반죽 위에 멥쌀가루 토핑을 발라 담백하고 고소한 두 가지 맛의 풍미가 있는 네덜란드의 대표적인 빵이다.

✔ 요구사항

※ 더치빵을 제조하여 제출하시오.

1. 더치빵 반죽 재료를 계량하여 재료별로 진열하시오. (9분)
2. 반죽은 스트레이트법으로 제조하시오.
   (단, 유지는 클린업 단계에 첨가하시오.)
3. 반죽 온도는 27℃를 표준으로 하시오.
4. 빵반죽에 토핑할 시간을 맞추어 발효시키시오.
5. 빵 반죽은 1개당 300g씩 분할하시오.
6. 반죽은 전량을 사용하여 성형하시오.

※ 더치빵 반죽

재료명	비율(%)	무게(g)
강력분	100	1100
물	60~65	660~715
이스트	4	44
제빵개량제	1	11(12)
소금	1.8	20
설탕	2	22
쇼트닝	3	33(34)
탈지분유	4	44
흰자	3	33(34)
계	178.8~183.8	1967~2025

※ 토핑(계량시간에서 제외)

재료명	비율(%)	무게(g)
멥쌀가루	100	200
중력분	20	40
이스트	2	4
설탕	2	4
소금	2	4
물	(85)	(170)
마가린	30	60
계	241	482

※ 토핑 제조시 물량 조정 가능

🔄 제조공정 (스트레이트법)

1. 믹싱
유지를 제외한 전 재료를 믹서볼에 넣은 다음 클린업 단계까지 혼합하고 유지를 투입한 후 최종단계까지 혼합한다.
(반죽온도 27℃)

2. 1차 발효
온도 27℃, 습도 75~80%의 조건에서 60분 정도 발효시킨다.

3. 분할 및 둥글리기
300g씩 7개 분할 후 둥글리기를 한다.

4. 중간 발효
표면이 마르지 않도록 비닐 등으로 덮어 10~15분간 중간 발효시킨다.

5. 성형 : one loaf형
① 둥글리기한 반죽을 가볍게 눌러 가스를 빼준 후 밀대로 밀어 타원형이 되게 한다.
② 반죽을 뒤집어서 한 덩어리 형태가 되도록 말아준 후 이음매를 봉한다.

6. 패닝
이음매가 밑으로 가도록 하여 팬에 3개씩 패닝한다.

7. 2차 발효
온도 38℃, 습도 85%의 조건에서 약 30분간 발효시킨다.(과발효되지 않도록 주의한다.)

8. 토핑 바르기
2차 발효된 반죽의 표면을 약간 건조시킨 후, 스패튤라나 헤라를 이용하여 토핑 반죽을 고른 두께로 바른다.

9. 굽기
윗불 190℃, 아랫불 160℃에서 30분 정도 굽는다.(굽기 중 팬의 위치를 바꾸어서 일정한 껍질색이 나도록 조치한다)

* 더치빵 토핑 제조
(1차 발효시간에 제조하여 실온에서 발효시킨다)
① 물 1/2에 이스트를 용해시킨다.
② 용기에 멥쌀가루, 중력분, 설탕, 소금을 혼합한다.
③ 녹인 이스트와 나머지 물을 조절하여 넣는다.
④ 용해마가린을 넣어 골고루 섞어준다.
  (발효 후에 넣어도 된다.)

▶ 밀대로 타원형으로 밀기

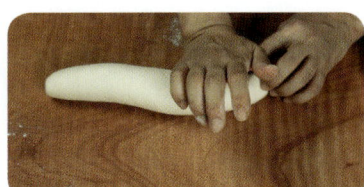
▶ 성형

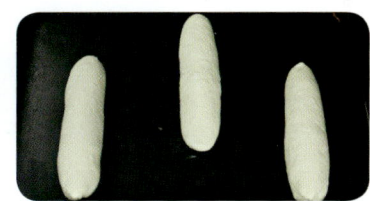
▶ 패닝

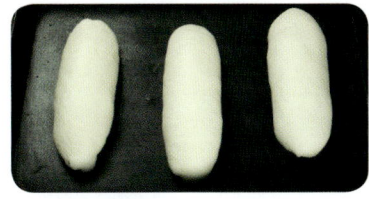
▶ 2차 발효 완료

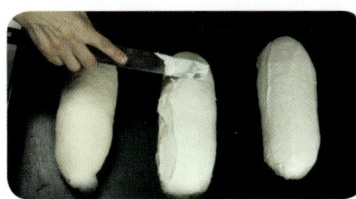
▶ 토핑 바르기

● 더치빵 토핑 제조

 **Tip** 더치빵을 만들 때는 토핑물의 물을 조금 남겨두어 되기를 잘 조절해야 한다. 또한 토핑이 두꺼우면 구운색이 나지 않고 큰 균열이 생기며 너무 얇을 경우는 균열이 생기지 않는다.

프랑스빵
French bread

밀가루와 물, 소금, 이스트 등 빵의 기본재료로 만든 하스브레드(Harth bread)인 불란서빵은 딱딱하면서도 윤이 나는 껍질과 기공이 많으며 부드러운 내부 조직, 저배합으로 인한 빠른 노화 등이 특징이다.

✓ 요구사항

※ **프랑스빵을 제조하여 제출하시오.**

1. 배합표의 각 재료를 계량하여 재료별로 진열하시오. (5분).
2. 반죽은 스트레이트법으로 제조하시오.
3. 반죽 온도는 24℃를 표준으로 하시오.
4. 반죽은 200g 씩으로 분할하고, 막대모양으로 만드시오. (단, 막대길이는 30cm, 3군데에 자르기를 하시오.)
5. 반죽은 전량을 사용하여 성형하시오.
6. 평철판을 사용하여 구우시오.

재료명	비율(%)	무게(g)
강력분	100	1000
물	65	650
이스트	3.5	35(36)
제빵개량제	1.5	15(16)
소금	2	20
계	172	1720(1722)

제조공정 (스트레이트법)

1. 믹싱
전 재료를 믹서볼에 넣은 다음 발전단계까지 혼합한다.
(반죽온도 24℃)

2. 1차 발효
온도 27℃, 습도 75%의 조건에서 60분 정도 발효시킨다.

3. 분할 및 둥글리기
200g씩 분할 후 둥글리기를 한다.

4. 중간 발효
표면이 마르지 않도록 비닐 등으로 덮어 10~15분간 중간 발효시킨다.

5. 성형 : 막대형
① 둥글리기한 반죽을 가볍게 눌러 가스를 빼준 후 밀대로 밀어 타원형이 되게 한다.
② 반죽을 뒤집어 3겹접기 후 끝부분부터 말아 넣으면서 손바닥으로 눌러 단단한 막대형으로 말아준 후 이음매를 봉한다.

6. 패닝
이음매가 밑으로 가도록 평철판에 패닝한다.

7. 2차 발효
온도 30~35℃, 습도 75%의 조건에서 30분 정도 발효시킨다.(시간보다는 상태로 판단하며, 온도와 습도가 높지 않도록 하고 과발효에 주의한다)

8. 칼집내기
반죽의 윗면을 살짝 건조시킨 후 반죽의 중앙부위에 1cm 깊이로 3군데 칼집을 내고, 표면에 물을 분무한다.(칼은 약 15도 각도로 비스듬히 넣고, 3개의 칼집이 일직선에 가까운 사선이 되도록 한다)

9. 굽기
윗불 230℃, 아랫불 220℃로 예열하여 오븐에 넣고 윗불 200℃, 아랫불 200℃로 낮추어 25~30분 정도 굽는다.

▶ 1차 발효 확인

▶ 분할 및 둥글리기

▶ 밀어펴기

▶ 말기

▶ 봉하기

▶ 패닝

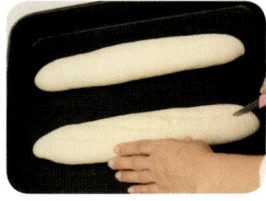
▶ 칼집내기

▶ 표면에 물을 분무하기

막대모양의 불란서빵인 바게트는 빵의 주원료로만 만들기 때문에 발효 및 성형, 자르기, 오븐관리 등 모든 면에서 주의를 해야 좋은 제품을 만들 수 있다.

페이스트리 식빵
Pastry pan bread

롤-인(Roll-in) 유지를 반죽 사이에 넣고 밀어 펴는 데니시 페이스트리 반죽을 트위스트형으로 성형하여 식빵 형태로 만들어 여러겹의 층을 살린 빵이다.

✔ 요구사항

※ 페이스트리 식빵을 제조하여 제출하시오.

1. 배합표의 각 재료를 계량하여 재료별로 진열하시오(10분).
2. 반죽을 스트레이트법으로 제조하시오.
   (단, 유지는 클린업 단계에 첨가하시오.)
3. 반죽 온도는 20℃를 표준으로 하시오.
4. 접기와 밀기는 3겹, 접기는 3회 하시오.
5. 트위스트형(세 가닥 엮기)으로 성형하시오.
6. 반죽은 전량을 사용하여 성형하고 4개를 제조하여 제출하시오.

재료명	비율(%)	무게(g)
강력분	75	660
중력분	25	220
물	44	387(388)
이스트	6	53(54)
소금	2	18
마가린	10	88
계란	15	132
설탕	15	132
탈지분유	3	26
제빵계량제	1	9(8)
계	196	1725(1726)

(※ 충전용 재료는 계량시간에서 제외)

파이용 마가린	총 반죽의 30%	517.6 (518)

🔄 제조공정 (스트레이트법)

1. 믹싱
유지를 제외한 모든 재료를 믹서볼에 넣고 클린업 단계까지 혼합하고 유지를 투입한 후 발전단계까지 혼합한다.(반죽온도 20℃)

2. 반죽 휴지
반죽이 마르지 않도록 비닐로 싸서 냉장고에서 20~30분 정도 휴지시킨다.

3. 충전용 유지 다듬기
충전용 유지는 비닐 등에 싸서 반죽의 되기와 비슷한 정도의 되기로 다듬는다.

4. 반죽에 충전용 유지 넣기
반죽을 가운데 부분이 두껍도록 사방으로 밀어 편 후 부드러워진 충전용 유지를 넣고 봉합한다.

5. 밀어펴기 및 접기(3겹 3회)
① 세로 40cm, 가로 100cm 정도의 직사각형으로 밀어 펴서 3겹접기 후 비닐로 덮어서 20분 정도 휴지시킨다.
(밀어펴기 시 덧가루는 적절히 사용하고, 여분의 가루는 붓으로 털어낸다)
② 휴지된 반죽을 ①과 동일하게 두 번 더 작업한다.

6. 성형
① 휴지된 반죽을 세로 30cm, 가로 40~45cm 정도의 직사각형으로 밀어 편다.
② 반죽을 4등분한 후 다시 각각 3등분하여 세 가닥을 엮어서 트위스트형으로 성형한다.

7. 패닝
양쪽 끝부분을 봉합한 후 두 손으로 잡고 식빵팬에 패닝한다.

8. 2차 발효
온도 30~32℃, 습도 75~80%의 조건에서 팬 높이까지 발효시킨다.

9. 굽기
윗불 180℃, 아랫불 180℃에서 35~40분 정도 굽는다.
(굽기중 색이 나기 전에는 오븐 문을 열지 않아야 한다)

▶ 1. 충전용 유지넣기

▶ 2. 밀어펴기

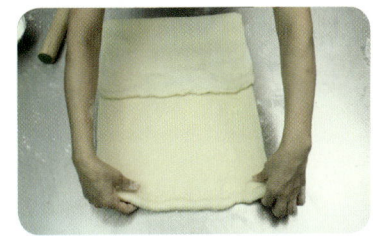
▶ 3. 3겹접기

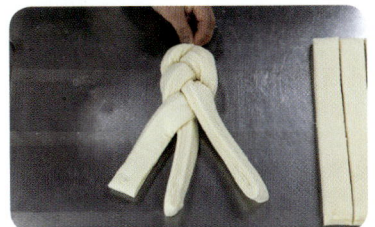
▶ 4. 세가닥 엮기

▶ 5. 트위스트형으로 패닝

▶ 6. 2차 발효

 **Tip** 충전용 유지는 반죽의 되기와 비슷하게 하여 반죽에 감싸야 하며, 밀어펴기 시 반죽이 마르지 않도록 유의하고 반듯한 직사각형으로 밀어 펴야 일정한 결을 형성할 수 있다.

데니시 페이스트리
Danish pastry

데니시 페이스트리는 발효반죽에 충전용 유지를 끼워 밀어 펴기와 접기를 반복하여 층이 생기는 빵과 과자의 중간 형태이며 크로아상이 대표적이다.

✓ 요구사항

※ 데니시 페이스트리를 제조하여 제출하시오.

1. 배합표의 각 재료를 계량하여 재료별로 진열하시오. (9분)
2. 반죽을 스트레이트법으로 제조하시오.
3. 반죽 온도는 20℃를 표준으로 하시오.
4. 모양은 달팽이형, 초승달형, 바람개비형 중 감독위원이 선정한 2가지를 만드시오.
5. 접기와 밀어 펴기는 3겹접기 3회로 하시오.
6. 반죽은 전량을 사용하여 성형하시오.

재료명	비율(%)	무게(g)
강력분	80	720
박력분	20	180
물	45	405(406)
이스트	5	45(46)
소금	2	18
설탕	15	135(136)
마가린	10	90
분유	3	27(28)
달걀	15	135(136)
계	195	1755
파이용 마가린	총 반죽의 30%	526.5(527~528)

제조공정 (스트레이트법)

1. 믹싱
유지를 제외한 전 재료를 믹서볼에 넣은 다음 클린업 단계까지 혼합하고 유지를 투입한 후 발전단계까지 혼합한다.
(반죽온도 20℃)

2. 반죽 휴지
반죽이 마르지 않도록 비닐로 싸서 냉장고에서 30분 정도 휴지시킨다.

3. 충전용 유지 다듬기
충전용 유지는 비닐 등에 싸서 반죽의 되기와 비슷한 정도의 되기로 다듬는다.

4. 반죽에 충전용 유지 넣기
반죽을 가운데부분이 두껍도록 사방으로 밀어 편 후 부드러워진 충전용 유지를 넣고 봉합한다.

5. 밀어 펴기 및 접기(3절 3회)
① 세로 40cm, 가로 100cm 정도의 직사각형으로 밀어 펴서 3겹접기 후 비닐로 덮어서 20분 정도 휴지시킨다.
  (밀어 펴기 시 덧가루는 적절히 사용하고, 3겹접기 시는 붓으로 털어낸다)
② 휴지된 반죽을 ①과 동일하게 두 번 더 작업한다.

6. 성형
① 초승달형(크로아상) : 반죽을 0.3cm 정도의 두께로 밀어 편 후 높이 20cm, 밑변 10cm의 이등변 삼각형으로 자른 다음, 밑변부터 위로 말아서 초승달형으로 만든다.
② 바람개비형 : 반죽을 0.5cm 정도의 두께로 밀어 편 후 사방 10cm의 정사각형으로 잘라 바람개비형을 만든다.
③ 달팽이형 : 반죽을 두께와 너비 각 1.5cm, 길이 30~35cm의 길이로 자른 후 말아서 달팽이형으로 만든다.

7. 패닝
같은 형태로 간격을 맞추어 패닝한다.

8. 2차 발효
온도 30~32℃, 습도 75~80%의 조건에서 20~30분 정도 발효시킨다.(시간보다 상태로 판단하며, 온도와 습도가 높지 않도록 주의하며 과발효가 되지 않도록 주의한다)

9. 굽기
윗불 190℃, 아랫불 160℃에서 20분 정도 굽는다.
(굽기 중 색이 나기 전에는 오븐 문을 열지 않아야 한다)

▶ 반죽 밀기

▶ 유지 감싸기

▶ 밀어펴기

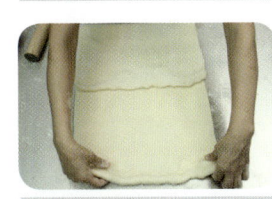
▶ 3절 접기

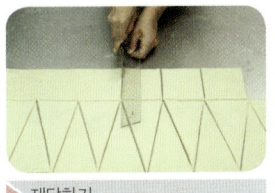
▶ 재단하기

▶ 성형 : 초승달형

▶ 성형 : 바람개비형

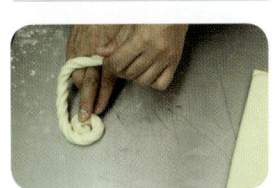
▶ 성형 : 달팽이형

▶ 패닝

▶ 2차 발효 완료

Tip 충전용 유지는 반죽의 되기와 비슷하게 하여 반죽에 감싸야 하며, 밀어 펴기 시 반죽이 마르지 않도록 유의하고 반듯한 직사각형으로 밀어 펴야 일정한 결을 형성할 수 있다.

제과기능장이 전하는
제과제빵 기능사 실기 >>>

제과제빵 응용 제품

Part 05

제과

unit	page
생크림 케이크	134
당근 롤 케이크	135
초코 시폰 케이크	136
시폰 컵 케이크 초코 / 녹차 컵 케이크 황 치즈 머핀	137
백조 모양 슈, 비스킷 슈	139
계피만주	140
동물 모양 쿠키	141
이탈리안 머랭형 마카롱	142
허니 / 오렌지 마들렌	143
잎 파이	144
타르트 3종 (무화과, 살구, 딸기)	145
크림 치즈 케이크	146
피넛 쿠키	147
아이싱쿠키	148

제빵

unit	page
녹차 마블 식빵	149
우유 모닝 롤 빵	150
흑미 모닝빵	151
곡물 식빵	152
스위트 콘 빵	153
앙금 와플	154
뺑 오 레장	155
삼색 맘모스 빵	156
초코 크림 소라빵	157
완두앙금 빵	158
비엔나 롤 빵	159
킹 브레드	160
브리오슈 샌드위치	161
마늘 빵, 바게트 피자	162
시나몬 베이글	163
포카치아	164

제과 — 스펀지 케이크 (공립법)응용 제품
생크림 케이크

※ 스펀지 케이크 (3호 2개분)

재료	중량(g)
달걀	7개
설탕	280
소금	2
박력분	240
버터	40
우유	10
바닐라향	소량

※ 초콜릿 스펀지 케이크 (3호 2개분)

재료	중량(g)
달걀	8개
설탕	350
유화제	7(생략가능)
박력분	200
코코아	30
버터	40
식용유	20
바닐라향	2

▶ 공정(공립법)
1. 달걀 + 설탕을 넣고 중탕으로 휘핑한다.
2. 가루재료 혼합, 용해버터 + 우유 + 향 혼합
   (초콜릿 스펀지의 경우 용해버터 + 식용유 혼합)
3. 3호 팬 70% 패닝한다.
4. 굽기 : 180℃/160℃ 25분 정도

▶ 시럽
설탕 100g, 물 300g, 레몬 슬라이스 1~2쪽

▶ 생크림
생크림 원액 500ml 휘핑 후 마지막에 레몬즙 또는 술을 약간 넣어준다.

▶ 데커레이션
1. 스펀지를 2~3단으로 절단하여 시럽을 바르고, 생크림과 과일을 올려 샌드한다.
2. 전체적으로 아이싱 한 다음 생크림, 가나슈와 과일 등으로 데커레이션한다.

소프트롤 케이크 응용 제품
당근 롤 케이크

※ 배합비는 소프트 롤을 참조하여 **별립법 제조**

재료	중량(g)
박력분	250
설탕(A)	175
물엿	25
소금	2
물	생략
향	2
설탕(B)	150
달걀	700
B.P	2
식용유	125
당근	1/2개

▶ 공정 (별립법)

1. 당근은 채를 썰어 소금에 절여 물기를 짠 후, 반은 철판에 깔고 나머지는 다져서 반죽에 혼합한다.
2. 노른자에 설탕1/2을 넣고 고속 믹싱한다.
3. 흰자에 설탕 넣고 90% 머랭을 올린다.
4. 노른자에 머랭 일부를 섞은 후 가루재료를 1/2섞고, 다시 나머지 머랭을 섞고 나머지 가루재료, 식용유, 당근, 나머지 머랭 순으로 혼합한다.
5. 철판에 패닝 후 180℃/170℃에서 17분 정도 구워낸다.
6. 식으면 잼을 발라 말아준다.

▶ 당근 쨈 만들기

[재료]
당근 1개, 사과 1개, 물 1/2 컵, 설탕 300g, 레몬즙 1개분

[공정]
1. 당근, 사과, 물을 믹서에 갈아 설탕을 넣고 걸죽해질 때까지 졸인다.
2. 레몬즙을 넣고 얼음물에 담가 식힌다.

시폰 케이크 응용 제품
초코 시폰 케이크

재 료	중 량(g)
노른자	20개
우 유	360
식용유	314
박력분	450
흰자	840
설탕	360
코코아	84
물	140

▶ **공정 (별립법)**

1. 노른자를 풀어준 다음 우유, 식용유를 넣고 혼합한다.
2. 코코아를 물에 풀어준 후 혼합한다.
3. 밀가루와 설탕 1/2을 잘 섞은 후, 2에 넣고 혼합한다.
4. 흰자에 나머지 설탕을 넣고 90% 올린 후 2번 정도 나누어 넣으며 혼합한다.
5. 시폰 틀에 70% 채운 후, 170℃/160℃의 오븐에 40분 정도 구워낸다.
6. 완전히 식으면 틀에서 분리하고 윗면에 분당을 뿌려 주거나 생크림을 사용하여 데커레이션한다.

마데라 컵케이크 응용 제품
시폰 컵 케이크·초코 / 녹차 컵 케이크·황 치즈 머핀

마데라 컵케이크 응용 제품 — 시폰 컵 케이크

재 료	중 량(g)
달걀	1200
노른자	108
설탕	840
유화제	20
소금	6
물엿	48
중력분	780
베이킹파우더	6
버터	240
물	144

▶ **공정 (공립법)**

1. 달걀과 노른자를 풀고 설탕, 유화제, 소금, 물엿을 넣고 중탕으로 거품을 90% 정도 낸다.
2. 체 친 가루 (중력분과 베이킹파우더)를 1에 넣고 섞는다.
3. 용해버터, 물 넣고 가볍게 혼합한다.
4. 머핀틀에 유산지 깔고 85% 패닝한다.
5. 굽기 : 190℃/160℃, 25분 정도
6. 식은 후 윗면을 생크림으로 장식한다.

마데라 컵케이크 응용 제품: 초코 / 녹차 컵 케이크

재 료	중 량(g)
버터	560
설탕	490
달걀	600
박력분	567
코코아/녹차	50
호두	170
베이킹파우더	17
우유	200
초코칩	150

▶ 공정 (크림법)

1. 버터를 부드럽게 풀어주고 설탕을 넣으며 크림화한다.
2. 달걀을 분할 투입한다.
3. 체 친 가루(박력분, 코코아, 베이킹파우더)를 혼합한다.
4. 호두와 초코칩을 가볍게 섞는다.
5. 우유로 되기 조절을 한다.
6. 머핀틀에 유산지를 깔고 80% 패닝한다.
7. 굽기 : 180℃/160℃ 25분 정도, 식은 후 윗면을 생크림으로 장식한다.

마데라 컵케이크 응용 제품: 황 치즈 머핀

재 료	중 량(g)
버터	275
설탕	300
달걀	300
중력분	325
슬라이스치즈	3장
베이킹파우더	10
정종	10
황치즈 분말	30

▶ 공정 (크림법)

1. 버터를 부드럽게 풀어주고 설탕, 슬라이스치즈를 넣으며 크림화한다.
2. 달걀을 분할 투입한다.
3. 체 친 가루(중력분, 황치즈분말, 베이킹파우더)를 혼합한다.
4. 정종을 넣고 혼합한다.
5. 머핀틀에 유산지 깔고 80% 패닝한다.
6. 굽기 : 180℃/160℃, 25분 정도, 식은 후 윗면을 생크림으로 장식한다.

슈크림 응용 제품
백조 모양 슈, 비스킷 슈

※ 슈 반죽

재료	중량(g)
물	270
버터	120
소금	3
박력분	150
달걀	3~4개

※ 커스터드 크림

재료	중량(g)
우유	1000
설탕	250
중력분	30
전분	50
버터	50
노른자	12개
바나나엣센스	소량
럼주	소량

※ 비스킷

재료	중량(g)
버터	200
설탕	200
박력분	200
아몬드분말	240

▶ 백조 모양 슈 공정
1. 레시피는 슈 반죽과 동일하게 제조한다.
2. 별 모양 깍지를 이용하여 조개 모양으로 짜서 몸통을 만들고 180℃ 오븐에서 20분 정도 굽는다.
3. 둥근 깍지(직경 3mm)를 이용하여 머리와 목 부분을 S자 모양으로 짜서 170℃오븐에 7~8분 정도 굽는다.
4. 몸통을 가로로 2등분하고, 윗껍질을 다시 2등분하여 날개를 만든다.
5. 몸통 아래 부분에 커스터드 크림을 충전시키고 위에 휘핑한 생크림을 짜준 후 날개를 덮고 머리 부분을 꽂아 완성한다.
6. 과일로 장식하고 슈거파우더를 뿌려주기도 한다.
   *결혼 기념일 케이크의 윗면에 쌍으로 장식하여도 좋다.

▶ 커스터드 크림 공정
1. 우유에 설탕 1/2을 넣고 불에 올려 끓인다.
2. 노른자에 설탕 나머지를 넣고 미색이나게 휘핑한 후 전분과 중력분을 넣고 혼합한다.
3. 다시 불에 올려 중불에서 끓인다.
4. 냉각 시킨 후 향을 넣고 혼합한다.

▶ 비스킷
1. 버터 + 설탕 + 휘핑 후 가루를 혼합
2. 냉장휴지 후 두께 2mm로 밀기
3. 링 틀로 찍어내 원형으로 짠 슈 반죽 위에 올려 놓는다.

밤과자 응용 제품
계피만주

재 료	중 량(g)
연유	100
노른자	2개
박력분	140
베이킹파우더	2
흰앙금	900

▶ **공정**

1. 노른자를 잘 풀어준 후, 연유를 넣고 혼합한다.
2. 밀가루와 베이킹파우더를 넣고 혼합 후, 잠깐 휴지시킨다.
3. 100g씩 분할하여 300g의 흰앙금을 충전시킨 후, 분무기로 물을 뿌려 덧 가루를 없애고 계피가루를 피복시키며 긴 원통형 모양을 만든다.
4. 2cm 정도로 절단하여 잘린 절단면이 위로 향하게 팬에 올리고 윗면에 노른자 칠을 한 후 깨를 뿌려 180℃/140℃의 오븐에 15분 정도 구워낸다.

쇼트 브레드 쿠키 응용 제품
동물 모양 쿠키

※ 쿠키 반죽

재료	중량(g)
버터	120
슈가 파우더	50
노른자	1개
바닐라 향	소량
박력분	150
아몬드 분말	50

※ 장식용 초코 반죽

재료	중량(g)
버터	50
슈거파우더	50
흰자	50
박력분	40
코코아	10

▶ 공정 (크림법)

1. 버터를 풀어준 후 슈거파우더, 노른자를 넣고 거품기로 혼합한다.
2. 박력분 + 아몬드 분말을 체 쳐서 가볍게 넣고 바닐라 향도 혼합 후 한 덩어리가 되게 하여 비닐에 싸서 냉장고에 넣어 휴지 (20분)시킨다.
3. 밀대로 반죽을 두께 0.5㎝ 정도로 밀어 모양틀로 찍어낸 후 패닝한다.
4. 초코 반죽을 동일하게 크림법으로 만들어 눈, 리본 장식을 가늘게 짜고 190℃ /150℃의 오븐에서 15분 정도 구워낸다.

Tip_ 재료를 잘 섞고 가늘게 짜기 위해서는 체에 걸러서 사용한다.

마카롱 응용 제품
이탈리안 머랭형 마카롱

재 료	중 량(g)
아몬드 분말	150
슈거파우더	150
흰자 (A)	50
설탕 (A)	113
흰자 (B)	60
설탕 (B)	113
물	44

▶ **공정(머랭법)**

1. 아몬드 분말과 슈거파우더를 3회 정도 체 친다.(이것을 T.P.T라고 한다)
2. T.P.T에 흰자(A)를 넣어 촉촉한 반죽을 만든다.
3. 흰자(B)에 설탕(A)를 넣어 주며 30% 정도 휘핑한다.
4. 설탕(B)와 물을 가열하여 118℃까지 끓인 후, 머랭에 조금씩 넣으며 휘핑하여 이탈리안 머랭을 만든다.
5. 머랭을 40℃ 정도로 식힌 후, 반죽에 2번 정도 나누어 넣고 혼합한다.
6. 철판에 실리콘 시트지를 깔고 직경 3cm 정도의 원반형으로 짠다.
7. 실온에서 30분 정도 건조시킨 후, 170℃의 오븐에 10분 정도 굽는다.
8. 기호에 맞는 가나슈, 커스터드크림, 퓨레잼 등을 만들어 샌드한다.
    * 반죽에 색상을 내고 싶을 땐 분말 색소나 천연색소를 소량 넣어 색을 맞춘다. (녹차, 코코아, 딸기, 블루베리…)

▶ **바닐라 크림**

생크림 70g, 화이트 초콜릿 75g으로 가나슈를 만들고 크림치즈 300g, 버터 50g, 바닐라, 럼주 소량과 혼합한다.

▶ **장미 크림**

장미잼 240g, 버터 250g, 레몬즙, 딸기술 소량을 혼합한다.

마들렌 응용 제품
허니 / 오렌지 마들렌

※ 허니 마들렌 (15~20개분)

재료	중량(g)
달걀	130
설탕	100
꿀	30
레몬껍질	1/2개분
박력분	125
베이킹파우더	3
버터	125

※ 오렌지 마들렌 (12~15개분)

재료	중량(g)
설탕	70
버터	117
소금	1
베이킹파우더	1.5
달걀	2개
중력분	114
꿀	33
오렌지 필	13

▶ 공정

1. 볼에 밀가루와 베이킹파우더를 체 친 후 설탕, 소금을 넣고 잘 혼합한다.
2. 달걀을 잘 풀어준 다음 1에 넣고 거품기로 덩어리가 없도록 잘 혼합한다.
3. 녹인 버터를 넣고 혼합한다.
4. 오렌지필, 꿀을 넣고 반죽을 완성한다.
5. 실온에서 20분 정도 휴지한다.
6. 팬에 고르게 짜주고 180℃/160℃에서 15~20분 정도로 굽는다.

제과 | 퍼프 페이스트리 응용 제품
잎 파이

재료	중량(g)
박력분	250
강력분	250
소금	10
버터	70
냉수	380
롤인버터	150

▶ 공정

1. 전 재료를 넣고 매끈하게 반죽한다.
2. 냉장휴지를 20분 이상 시킨 후 롤인버터를 충전한다.
3. 3절접기 3회 실시한다.
4. 최종 휴지를 마친 상태에서 두께 0.3 mm 정도로 밀어 펴 국화 모양 쿠키틀로 찍어 낸다.
5. 작업대 위에 설탕을 뿌려 찍어낸 반죽을 놓고 밀대로 얇고 길쭉하게 밀어 편다.
6. 철판에 나열하고 과도칼로 줄기 모양을 내어 200℃의 오븐에 20분 굽는다.

타르트 응용 제품
타르트 3종 (무화과, 살구, 딸기)

※ 타르트 반죽 (타르트 틀 4개 분) - 크림법

재료	중량(g)
버터	310
설탕	140
중력분	490
베이킹파우더	10
달걀	2개

※ 아몬드 크림 - 크림법

재료	중량(g)
버터	300
설탕	200
아몬드분말	300
박력분	100
달걀	300(5개)
럼주	10

※ 무화과 전 처리

재료	중량(g)
무화과	250
설탕	62
물	170
물엿	50
계피	2
럼주	적량

▶ **타르트 반죽(타르트 틀 4개 분) - 크림법**
  냉장 휴지 후 틀에 4mm 정도로 밀어 펴서 성형하기

▶ **아몬드 크림 - 크림법**
  1. 버터를 부드럽게 풀어주고 설탕을 혼합하여 휘핑한다.
  2. 달걀을 나누어 넣으면서 부드러운 크림 상태로 만든다.
  3. 밀가루와 아몬드분말을 체친 후 혼합한다.
  4. 럼주를 넣고 팬에 80% 정도 채우기
  5. 전 처리한 무화과 또는 살구를 토핑한다.
  6. 180℃/180℃ 오븐에서 30분 정도 굽는다.

▶ **무화과 전 처리**
  1. 무화과를 반으로 갈라 끓인 시럽을 넣고 하루동안 재운다.
  2. 시럽을 배수시킨 후, 럼주에 담가두고 사용한다.

▶ **딸기 타르트**
  아몬드 크림을 충전하여 구운 후 냉각시킨 다음, 커스터드크림을 윗면에 토핑하고 딸기로 장식한다.

크림 치즈 케이크 (Cream cheese cake)
수플레 타입의 클래식 치즈케이크

Ⅰ.

재료	중량(g)
우유	500
크림치즈	300
생크림	220

Ⅱ.

재료	중량(g)
노른자	14개
박력분	140
전분	20
우유	220

Ⅲ.

재료	중량(g)
흰자	14개
설탕	280

Ⅳ.

재료	중량(g)
용해 버터	220

▶ 공정 (2호 4개 분)

1. Ⅰ의 공정 : 우유 + 생크림 따뜻하게 끓이다가 크림치즈를 넣고 녹인다.
2. Ⅱ의 공정 : 노른자를 풀어준 후 + 우유 + 박력분 + 전분 체 친 것 → 덩어리 없이 섞는다.
3. Ⅰ + Ⅱ → 체에 거른 다음 중탕으로 걸쭉하게 끓인다.
4. Ⅲ의 공정 : 흰자거품 70% 올린 후 + 설탕 분할 투입 후 90% 머랭 올린다.
5. Ⅰ + Ⅱ + Ⅲ + Ⅳ
   - 팬 준비
   원형 팬에 종이 깔아준 후 미리 준비한 스펀지 케이크를 1/4 슬라이스 하여 깔아준다.
6. 평철판에 물 1/2넣은 후 210℃/150℃에서 윗면에 색이 나면 150℃/150℃로 낮춘 후 1시간 정도 더 굽는다.

 피넛 쿠키

재료	중량(g)
버터	360
땅콩버터	400
설탕	300
황설탕	400
달걀	160
소금	2
땅콩분태	200
베이킹파우더	8
박력분	800

▶ **공정(크림법)**

1. 버터, 땅콩버터를 부드럽게 풀어주고 설탕, 소금을 넣고 크림화한다.
2. 달걀을 분할 투입한다.
3. 체에 친 가루(박력분, 베이킹파우더)를 혼합한다.
4. 4등분 후 유산지에 긴 원통형 말기, 냉동휴지 1시간
5. 1cm 두께로 자른 후 180℃/150℃에서 15분 정도 굽는다.

 아이싱쿠키

재료	중량(g)
버터	400
설탕	210
소금	6
달걀	120
바닐라향	2
베이킹파우더	4
박력분	600
아몬드분말	100

※ 아이싱 슈거

재료	중량(g)
슈가파우더	250
흰자	50
레몬즙	약간
다양한 색소 사용	–

▶ 공정 (크림법)

1. 버터를 풀어주고 설탕, 소금을 넣고 크림화한다.
2. 달걀을 분할 투입한다.
3. 체친 가루(박력분, 바닐라향, 아몬드분말, 베이킹파우더)를 혼합한다.
4. 비닐에 싸서 냉장휴지(30분 이상)한다.
5. 밀어 펴서 정형기로 찍기(두께 : 0.8cm)
6. 190℃/150℃에서 15분 정도 굽는다.

식빵 응용 제품
녹차 마블 식빵

※ 기본반죽

재료	중량(g)
강력분	700
설탕	90
소금	12
이스트	25
개량제	7
달걀	2개
우유	230
물	200
버터	70

※ 녹차 반죽

재료	중량(g)
기본 반죽	500
녹차 분말	20~30
물	소량

▶ 공정

1. 전 재료를 넣고 최종단계까지 마친 다음 반죽 500g을 덜어내 물에 탄 녹차를 혼합한 후 1차 발효시킨다.
2. 흰 반죽은 300g, 녹차반죽은 160g씩 분할하여 둥글리기 후 15분 정도 중간 발효시킨다.
3. 먼저 흰 반죽을 밀대로 길게 밀어 펴고, 녹차 반죽도 밀어 펴서 위에 겹친 후 팥 배기를 뿌려 돌돌 말아 원로프 형태로 만든다.
4. 식빵 틀에 넣어 패닝한다.(식빵팬 3개용)
5. 팬 높이까지 발효시킨 후 170℃/180℃의 오븐에서 30분간 구워낸다.

우유 식빵 응용 제품
우유 모닝롤빵

재료	중량(g)
강력분	1000
버터	100
설탕	80
이스트	50
소금	20
우유	600
요구르트	150

※ 소스

재료	중량(g)
버터	200
설탕	100
연유	127

▶ 공정

1. 유지를 제외한 전 재료를 믹서볼에 넣고 클린업 단계까지 혼합하고 유지를 투입한 후 최종단계까지 혼합한다.(반죽온도 27℃)
2. 60분정도 1차 발효시킨다.
3. 반죽을 300g으로 분할한다.(은박 파운드 7개분)
4. 원로프(one loaf)형으로 만든 다음 12등분하여 패닝 후 소스를 바른다.
5. 실온에서 팬 높이까지 2차 발효시킨다.
6. 180℃/180℃ 25분 구운 후 윗면에 퐁당으로 무늬를 낸다.

▶ 소스

1. 버터와 설탕은 크림화한다.
2. 버터크림과 연유를 부드럽게 풀어준다.
3. 1과 2를 섞는다.

모닝빵 응용 제품
흑미 모닝빵
쌀가루를 이용한 모닝빵 응용

재료	중량(g)
흑미가루 (제빵용 쌀가루)	600
설탕	75
소금	9
분유	24
이스트	18
버터	72
달걀	1개
물	375

▶ 공정

1. 재료를 한 번에 넣고 반죽한다.
2. 1차 발효없이 분할 30g한 후 중간 발효한다.
3. 성형 후 달걀물 바르기
4. 2차 발효를 충분히 한다.
5. 굽기 : 200℃/160℃ 15 ~ 20분 정도

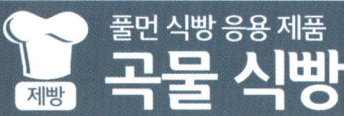

풀먼 식빵 응용 제품
곡물 식빵

재료	중량(g)
강력분	1200
크라프트믹스	300
이스트	80
소금	12
설탕	150
달걀	2개
버터	110
와인	500
호두	200
건포도	180
물	360

▶ **공정**

1. 건포도와 호두를 제외한 전 재료를 믹싱한 후 전처리한 건포도와 호두를 넣고 저속으로 혼합한다.
2. 60~90분 정도 1차 발효를 시킨다.
3. 반죽을 320g 씩 분할 후 둥글리기와 중간 발효시킨다.
4. 산형으로 정형 후 풀먼 식빵 팬에 2개씩 패닝한다.
5. 팬 높이까지 2차 발효시킨다.
6. 굽기 : 뚜껑을 덮지 않고 170℃/180℃, 40분 정도

단과자빵 응용 제품
스위트 콘 빵

재료	중량(g)
강력분	500
설탕	100
개량제	3
소금	10
마가린	50
이스트	30
우유	100
달걀	2개
물	150

▶ 공정

1. 스위트 콘 빵은 단과자빵 반죽을 이용한다.
2. 1차 발효를 마친 반죽을 50g으로 분할하여 둥글게 밀어 편 후 은박 마들렌 컵에 올려 놓고 가운데 구멍을 낸다.
3. 30분 정도 2차 발효시킨 후 옥수수 통조림, 양파 다진 것, 피자치즈를 마요네즈에 버무려 토핑한다.
4. 굽기 : 190℃/150℃, 20분 정도

앙금 와플

단과자빵 응용 제품

※ 와플 충전물

재료	중량(g)
커스터드크림	1200
생크림	100
통팥앙금	300
피칸분태	200
팥배기	200
밤	300
크럼	300

▶ 공정

1. 단과자 빵 반죽을 60g 분할한다.
2. 충전물 40g을 감싸주고 둥글 넙적하게 밀어 편 후 10분 정도 실온 휴지한다.
3. 반죽을 와플기에 패닝한다.
4. 굽기 : 170℃/170℃, 1분 이내

단과자빵 응용 제품
뺑 오 레장

재료	중량(g)
강력분	600
물	282
이스트	24
제빵개량제	6
소금	12
설탕	72
쇼트닝	60
분유	18
달걀	120

※ 크렘 파티시에르(커스터드 크림)

재료	중량(g)
우유	500
노른자	120
설탕	150
전분	80
버터	20
바닐라향, 럼주	소량

▶ 공정
1. 단과자빵 반죽 1200g 정도를 35×60cm 정도로 밀어 편다.
2. 커스터드 크림을 바른 후 전 처리한 건포도와 구운 호두분태를 뿌려준다.
3. 5cm크기로 자른 다음 은박 마드렌 컵에 패닝한 후 2차 발효시킨다.
4. 굽기 190℃/150℃, 20~30분 정도

▶ 크렘 파티시에르(커스터드 크림) 만들기
1. 우유를 가장자리가 보글거릴 정도로 끓인다.
2. 설탕과 전분을 섞고 노른자 풀어준 것을 넣어 혼합한다.
3. 2에 끓인 우유를 넣고 호화시킨다.
4. 버터를 섞고 냉각한 후 향을 혼합한다.

제빵 — 소보로 빵 응용 제품
삼색 맘모스 빵

재료	중량(g)
강력분	550
물	258
이스트	22
개량제	5
소금	11
마가린	99
분유	11
달걀	82
설탕	88

※ 버터크림

재료	중량(g)
달걀	1개
설탕	124
물	30
버터	466
럼주	6

▶ 공정

1. 소보로 빵 반죽을 70g씩 분할하여 각 각 완두앙금과 적앙금을 충전한다.
2. 길게 타원형으로 밀어 편 후, 철판에 나열한다.
3. 윗면에 물칠을 하고 소보로를 뿌린 다음 손으로 눌러준다.
4. 30분 정도 2차 발효한다.
5. 180℃의 오븐에 15~20분 정도 굽기
6. 완전히 식으면 휘핑 버터크림을 한 면에 바르고 밤다이스를 뿌린 후, 크기가 같은 빵으로 한쪽을 덮어 마무리한다.

※ 버터크림 만들기

1. 냄비에 설탕과 물을 넣고 115~117℃까지 끓인다.
2. 달걀을 30~40% 휘핑하고 끓인 시럽을 조심해서 부어주어 휘핑한다.
3. 35℃ 정도로 온도가 내려가면 버터를 넣고 휘핑하여 크림화한다.
4. 럼주를 넣고 혼합한다.

크림빵 응용 제품
초코 크림 소라빵

재료	중량(g)
강력분	550
물	290
이스트	22
개량제	11
소금	11
설탕	88
마가린	66
분유	11
달걀	55

▶ 공정

1. 크림빵 반죽을 45g 분할하여 길게 밀어 편 후 고깔 모양팬의 뾰족한 부분부터 감아올린다.
2. 간격을 맞추어 패닝 후 달걀물 칠을 하고 2차 발효시킨다.
3. 굽기 : 180℃/150℃, 15분 정도
4. 냉각시킨 후, 짤주머니로 초코크림을 넣어준다.
5. 초코크림이 흐르지 않게 유산지를 잘라 크림 위에 붙여준다.

▶ 초콜릿 크림

커스터드 크림 100g에 다크 초콜릿을 녹여서 70~100g 넣어 잘 혼합하여 사용한다.

단팥빵 응용 제품
완두앙금 빵

재료	중량(g)
강력분	450
물	216
이스트	32
개량제	4
소금	9
설탕	72
마가린	54
분유	13
달걀	67

▶ 공정

1. 단팥빵 반죽 45g에 완두앙금 35g을 포앙하여 동그랗게 한다.
2. 윗면 중앙을 살짝 눌러 준 후, 가장자리를 돌려가며 스크레이퍼로 자른다.
3. 간격을 맞추어 패닝하고 중앙을 손가락으로 눌러준 다음 윗면에 달걀물 칠을 한다.
4. 중앙부분에 소보로 토핑을 뿌려준 후 2차 발효시킨다.
5. 굽기 : 180℃/160℃, 15분 정도

버터롤 빵 응용 제품
비엔나 롤 빵

재료	중량(g)
강력분	600
물	300
이스트	30
개량제	6
소금	10
설탕	60
버터	120
분유	18
달걀	90

▶ 공정

1. 버터롤 빵 반죽을 40g 분할하여 긴 올챙이 모양으로 밀어 편다.
2. 반죽의 둥근 부분에 씨겨자 소스를 바른 후, 비엔나소시지를 올려놓고 번데기 모양이 되게 말아 준다.
3. 달걀물 칠한 후 2차 발효시킨다.
4. 굽기 : 180℃의 오븐에 15분 정도 굽는다.

모카빵 응용 제품
킹 브레드

재료	중량(g)
강력분	400
중력분	100
이스트	30
개량제	4
설탕	60
달걀	2개
물	200
분유	10
초코칩	50
소금	8
버터	60

※토핑 반죽(크림법)

재료	중량(g)
설탕	150
버터	150
달걀	1개
중력분	250
베이킹파우더	2
아몬드분말	50

▶ 공정

1. 전 재료를 계량 후, 믹싱 볼에 넣고 매끈하고 탄력있을 때까지 반죽한다. 마지막에 초코칩을 넣고 혼합한다.
2. 발효실에 넣어 1차 발효시킨다.(40~50분정도)
3. 120g씩 분할하여 둥글리기 후 20분 정도 발효시킨다.
4. 토핑 비스킷을 75g 분할하여 밀어 펴 반죽에 씌운다.
5. 20분 정도 2차 발효한 후, 180℃의 오븐에 25분 정도 구워낸다.

▶ 토핑 반죽 (크림법)

1. 버터를 부드럽게 풀어주고 설탕을 혼합하여 휘핑한다.
2. 달걀을 나누어 넣으면서 부드러운 크림 상태로 만든다.
3. 밀가루와 아몬드분말, 베이킹파우더를 체친 후 혼합한다.

브리오슈 응용 제품
브리오슈 샌드위치

재료	중량(g)
강력분	450
물	130
이스트	36
소금	6
마가린	90
버터	90
설탕	70
분유	22
달걀	130
브랜디	소량

※ 스위트 파프리카 소스

재료	중량(g)
홍파프리카	2개
토마토 홀	300
발사믹식초	70
소금	5
올리브오일	30
설탕	50
케이퍼	20

▶ **공정**
1. 브리오슈 반죽을 300g으로 분할한 다음 둥글리기하여 패닝한다.
2. 2차 발효를 30분 정도 시킨 후, 180℃의 오븐에 30분 정도 굽는다.
3. 냉각 후 4등분으로 절단하여 다시 1조각씩 2등분으로(완전히 자르지 않고 끝은 조금 남겨둔다) 자른다.
4. 빵에 소스를 양쪽으로 발라 준 후, 샌드위치 재료들을 충전한다.

▶ **샌드위치 재료**
슬라이스 햄, 슬라이스 치즈, 오이 피클, 양파 슬라이스, 로메인 or 롤라로사

▶ **스위트 파프리카 소스**
1. 홍 파프리카를 반으로 갈라 씨를 빼고 기름에 튀겨 껍질을 제거한다.
2. 케이퍼를 제외한 전 재료를 믹서에 살짝 갈아 팬에 올리브 오일을 조금 두르고 중불에서 잼 농도로 졸인다.
3. 완성 5분 전에 케이퍼를 넣어 끓이고, 식힌 다음 냉장 보관한다.

제빵 — 불란서 빵 응용 제품
마늘 빵, 바게트 피자

마늘빵

▶ 공정

1. 바게트를 두께 1.5cm 정도로 어슷썰어 마늘 소스를 양면에 발라 준다.
2. 간격을 맞추어 패닝하고 건조 파슬리 가루를 조금 뿌린다.
3. 180℃의 오븐에 15분 정도 굽는다.

※ 마늘 소스

재료	중량(g)
버터	200
마늘분말	11
생마늘	30
겨자소스	2
설탕	20
소금	2

바게트 피자

▶ 공정

1. 바게트를 2등분 한 후 세로로 길게 썰어 절단면에 피자 소스를 발라 준다.
2. 햄, 야채 등 여러 가지 토핑을 올리고 적당량의 피자 치즈를 뿌린 후 패닝한다.
3. 180℃의 오븐에 15분 정도 굽는다.

※ 피자소스

재료	중량(g)	재료	중량(g)
토마토 소스	425	바질	소량
핫소스	45	마늘(볶은)	20
레몬즙	10	양파(볶은)	80
소금	6	토마토 페이스트	500
오레가노	4	육수(올리브유)	100
설탕	18		

베이글 응용 제품
시나몬 베이글

재료	중량(g)
강력분	500
물	270
설탕	25
이스트	20
건포도	50
계핏가루	5
소금	10
올리브유	20

▶ **공정**

1. 전 재료를 넣고 반죽하여 중속에서 10분 정도 반죽한 후, 건포도를 넣고 혼합한다.
2. 20분 정도 발효시킨 후, 100g으로 분할하여 둥글리기한 후 중간 발효시킨다.
3. 3절접기한 후, 20cm 정도로 밀어 링 상태로 만든다.
4. 15분 정도 2차 발효시킨 후, 물 2000g + 설탕 20g을 끓여 앞, 뒤를 1분 정도 데친다.
5. 표면을 건조시킨 후, 190℃/160℃의 오븐에 20분 정도 구워낸다.
6. 베이글은 야채와 햄, 치즈 등의 재료를 이용하여 샌드위치를 만들기도 한다.

소시지빵 응용 제품
포카치아

재료	중량(g)
강력분	1000
이스트	30
설탕	20
소금	20
올리브유	122
물	700

▶ **공정**

1. 전 재료를 믹싱하여 1차 발효 시킨다.
2. 120g씩 분할하여 둥글리기한다.(15개~16개분)
3. 반죽을 직경 14cm의 원형으로 밀어 편 후 올리브유를 바른 은박접시에 패닝한다.
4. 반죽에 포크로 구멍을 낸 후, 20분 정도 2차 발효시킨다.
5. 표면에 올리브유를 바르고 여러 가지 토핑을 단단히 눌러 올려준다.
   (블랙 올리브, 소금물에 살짝 데친 시금치, 베이컨, 토마토…등)
6. 굽기 : 190℃/200℃, 15분 정도

제과기능장이 전하는
제과 제빵 실기

2012년 4월 5일 초판 발행
2024년 4월 5일 개정4판 발행

저자 | 이백경, 이정숙, 박정연, 박미경, 김은경

발행인 | 김정태
발행처 | 도서출판 미림원
출판신고 | 제2023-000025호
주소 | 경기도 남양주시 다산중앙로 146번길 7
전화 | 031-513-4600
팩스 | 031-513-4900

저자와의
협의하에
인지첨부
생략

ISBN 978-89-94204-65-9 13590
정가 26,000원

- 파본은 구입하신 서점에서 교환해 드립니다.
- 이 책은 저작권법에 의해 보호받는 저작물이므로 무단전재와 복제를 금합니다

제과기능장이 전하는
제과제빵 기능사 실기 >>>
손 안에 핵/심/노/트

제과편   unit 019
호두파이

제과편   unit 020
치즈케이크

제빵편   unit 019
소시지빵

제빵편   unit 020
쌀식빵

제과편 unit 020
치즈케이크

팬에 버터 바르고 설탕 뿌리고 털기 ➡ 크림치즈, 버터 부드럽게 풀기 ➡ 설탕(a), 노른자 혼합 ➡ 흰자+설탕(b) 머랭 올리기 ➡ 치즈 반죽에 머랭1/2 넣고 혼합 ➡ 밀가루 혼합 ➡ 우유, 레몬즙, 럼주 혼합 ➡ 나머지 머랭 혼합 ➡ 짤 주머니로 반죽 채우기 ➡ 철판에 따듯한 물을 컵의 1~1.5cm정도 부어 중탕법으로 윗불 160℃, 아랫불 140℃, 30분 굽다가 뎀퍼를 열고 20분 더 굽기.

제과편 unit 019
호두파이

① 호두를 철판에 종이깔고 오븐에 굽기
② 껍질 반죽 제조
　밀가루를 체에 쳐서 버터 넣고 잘게 자르기 → 냉수+생크림+노른자+설탕+소금 넣고 반죽 → 비닐에 싸서 냉장 휴지
③ 충전물 제조
　설탕+물엿+계피가루+물을 중탕으로 60℃ 데움 → 달걀 혼합 → 체로 거르고 종이로 거품제거
④ 정형하기
　팬에 기름칠 → 껍질 반죽 0.3cm 밀기 → 팬에 두르고 바닥에 구멍내기 → 여분 잘라내고 바닥 눌러 밀착시킴 → 가장자리 지그재그로 모양내기 → 호두 충전 → 충전물 충전
⑤ 굽기 (윗불 180℃, 아랫불 200℃, 30분 정도)

제빵편 unit 020
쌀식빵

① 믹싱 : 최종전기단계
② 1차 발효
③ 분할 : 198g → 둥글리기 → 중간 발효
④ 성형 : 산형
⑤ 2차발효 : 팬 높이 1cm
⑥ 굽기 : 윗불 170~180℃, 아랫불 190~200℃, 30분 정도

제빵편 unit 019
소시지빵

① 믹싱 : 최종단계
② 1차 발효
③ 분할 : 70g → 둥글리기 → 중간 발효
④ 성형 : 낙엽형, 꽃잎형(반죽에 소시지를 감싼후 6~8등분하여 엇갈리게 패닝하거나, 링형태로 돌리기)
⑤ 2차 발효: 20~30분 → 야채토핑 → 케찹짜기
⑥ 굽기 : 윗불 200℃, 아랫불 160℃에서 12~15분 정도

제과편 unit 001
버터 스펀지 케이크(공립법)

제과편 unit 002
버터 스펀지 케이크(별립법)

제과편 unit 003
젤리 롤 케이크

제과편 unit 004
소프트 롤 케이크

제과편 unit 005
초코 롤 케이크

제과편 unit 006
흑미 롤 케이크(공립법)

제과편 unit 002
버터 스펀지 케이크 (별립법)

달걀 흰자, 노른자 분리 ➡ 노른자 풀기 ➡ 설탕(A), 소금 넣어 휘핑 ➡ 흰자 풀기 ➡ 설탕(B)조금씩 넣으며 90% 머랭 올리기 ➡ 노른자 반죽에 머랭1/3혼합 ➡ 가루류(밀가루, 베이킹파우더, 향) 1/2넣고 혼합 ➡ 머랭1/3 ➡ 가루류 1/2 ➡ 용해버터 ➡ 머랭 나머지 넣고 혼합 ➡ 온도, 비중재기 ➡ 원형팬 패닝 ➡ 굽기(180℃/160℃, 25~30분 정도)

제과편 unit 001
버터 스펀지 케이크 (공립법)

달걀 풀기 ➡ 설탕, 소금 넣고 고속 휘핑 ➡ 중속 다듬기 ➡ 밀가루, 향 넣고 주걱으로 혼합 ➡ 용해버터 넣고 혼합 ➡ 온도, 비중 재기 ➡ 원형팬 패닝 ➡ 굽기(180℃/160℃, 25분~30분 정도)

제과편 unit 004
소프트 롤 케이크

달걀 흰자, 노른자 분리 ➡ 노른자 풀기 ➡ 설탕(A), 소금 넣어 휘핑 ➡ 흰자 풀기 ➡ 설탕(B) 조금씩 넣으며 90% 머랭올리기 ➡ 노른자 반죽에 머랭1/3혼합 ➡ 가루류(밀가루, 베이킹파우더, 향) 1/2넣고 혼합 ➡ 머랭1/3 ➡ 가루류 1/2 ➡ 식용유 ➡ 머랭 나머지 넣고 혼합 ➡ 온도, 비중 재기 ➡ 평철판에 종이 깔고 패닝 ➡ 윗면 두께 다듬기 ➡ 윗면 무늬내기 ➡ 굽기(180℃/160℃ 15~20분 정도) ➡ 잼 발라 말기

제과편 unit 003
젤리 롤 케이크

달걀 풀기 ➡ 설탕, 소금, 물엿 넣고 고속 휘핑 ➡ 중속 다듬기 ➡ 가루류(밀가루, 향) ➡ 우유 넣고 혼합 ➡ 온도, 비중 재기 ➡ 평철판에 종이 깔고 패닝 ➡ 윗면 두께 다듬기 ➡ 윗면 무늬내기 ➡ 굽기(180℃/160℃, 15~20분 정도) ➡ 잼 발라 말기

제과편 unit 006
흑미 롤 케이크 (공립법)

달걀풀기 ➡ 설탕, 소금 넣고 고속휘핑 ➡ 중속 다듬기 ➡ 가루류(밀가루, 흑미가루, 베이킹파우더) ➡ 우유넣고 혼합 ➡ 온도, 비중 재기 ➡ 평철판에 종이깔고 패닝 ➡ 윗면 고르게 다듬기 ➡ 굽기(200℃/160℃, 10분 정도) ➡ 냉각 ➡ 윗면에 휘핑한 생크림 바르기 ➡ 말기

제과편 unit 005
초코 롤 케이크

달걀풀기 ➡ 설탕넣고 고속 휘핑 ➡ 중속 다듬기 ➡ 가루류(밀가루, 코코아파우더, 베이킹소다) ➡ 우유, 물 넣고 혼합 ➡ 온도, 비중 재기 ➡ 평철판에 종이깔고 패닝 ➡ 윗면 고르게 다듬기 ➡ 굽기(200℃/160℃, 10분 정도) ➡ 냉각 ➡ 윗면에 가나슈 바르기 ➡ 말기

제과편 unit 007
시퐁 케이크 (시퐁법)

제과편 unit 008
과일 케이크

제과편 unit 009
파운드 케이크

제과편 unit 010
마데라 (컵) 케이크

제과편 unit 011
초코머핀 (초코컵 케이크)

제과편 unit 012
브라우니

제과편 unit 008
과일 케이크

과일 럼주에 담그기 ➡ 마가린 풀고 설탕1/2, 소금 넣고 고속휘핑 ➡ 노른자 조금씩 넣으며 휘핑 ➡ 과일 넣고 혼합 ➡ 흰자에 설탕 나머지 넣고 90% 머랭 올리기 ➡ 노른자 반죽에 머랭 1/3넣고 혼합 ➡ 가루류1/2 ➡ 머랭 1/3 ➡ 가루류 ➡ 우유 ➡ 머랭 나머지 넣고 가볍게 혼합 ➡ 온도 재기 ➡ 패닝 ➡ 굽기(180℃/160℃, 30분 170/160℃로 낮추어 10분 더 굽기)

제과편 unit 007
시퐁 케이크 (시퐁법)

달걀 흰자, 노른자 분리 ➡ 노른자 풀고 식용유 혼합 ➡ 설탕(A), 소금 ➡ 물 ➡ 밀가루, 베이킹파우더 혼합 ➡ 흰자에 설탕(B)넣으며 90% 머랭 올리기 ➡ 노른자 반죽에 머랭 2번에 나눠 넣고 혼합 ➡ 온도, 비중 재기 ➡ 팬에 물 뿌린 후, 60~70% 패닝 ➡ 굽기(180℃/160℃, 25분~30분)

제과편 unit 010
마데라 (컵) 케이크

건포도, 호두, 포도주 일부에 전처리 ➡ 버터풀기 ➡ 소금, 설탕 넣고 고속휘핑 ➡ 달걀 수회 나누어 투입하며 휘핑 ➡ 건포도 + 호두 혼합 ➡ 가루류 주걱으로 혼합 ➡ 나머지 포도주 넣고 매끈하게 혼합 ➡ 컵에 종이 깔고 70%~80% 패닝 ➡ 굽기(180℃/160℃, 30분 정도) ➡ 포도주 시럽 윗면에 바르고 2~3분 더 굽기

제과편 unit 009
파운드 케이크

버터 풀기 ➡ 소금, 설탕, 유화제 넣고 고속휘핑 ➡ 달걀 수회 나누어 투입하며 휘핑 ➡ 가루류 주걱으로 혼합 ➡ 매끈하게 혼합 ➡ 온도, 비중 재기 ➡ 팬에 종이 깔고 70% 패닝 ➡ 윗면 다듬기 ➡ 굽기 (200℃/160℃, 10분 정도 구워 색이나면 꺼내 일자로 칼집을 내어 다시 170℃/160℃로 30분~40분 더 굽기)

제과편 unit 012
브라우니

호두 굽기 ➡ 초콜릿+버터 중탕으로 녹임(60℃) ➡ 달걀에 설탕 넣으며 30~40% 휘핑 ➡ 소금 혼합 ➡ 초콜릿 반죽에 달걀을 조금씩 부어 주며 잘 저어 혼합 ➡ 밀가루 + 코코아 + 향을 넣고 매끈하게 혼합 ➡ 호두의 1/2 혼합 ➡ 패닝 ➡ 호두 토핑 ➡ 굽기 (180℃/160℃ 30분 정도)

제과편 unit 011
초코머핀 (초코컵 케이크)

버터 풀기 ➡ 소금, 설탕 넣고 고속휘핑 ➡ 달걀 수회 나누어 투입하며 휘핑 ➡ 가루류 주걱으로 혼합 ➡ 물 넣고 매끈하게 혼합 ➡ 초코칩 혼합 → 컵에 종이 깔고 70% 패닝 ➡ 굽기(180℃/160℃, 25~30분 정도)

제과편 unit 013
슈

제과편 unit 014
버터 쿠키

제과편 unit 015
쇼트 브레드 쿠키

제과편 unit 016
다쿠와즈

제과편 unit 017
마드레느

제과편 unit 018
타르트

제과편 unit 014
버터 쿠키

버터 풀기 ➡ 설탕, 소금 혼합 ➡ 달걀 조금씩 넣으며 휘핑 ➡ 밀가루, 향 넣고 혼합 ➡ 별깍지 사용하여 모양 짜기(장미모양, 8자모양) ➡ 굽기(190℃/150℃, 15분 정도)

제과편 unit 013
슈

물에 버터, 소금 넣고 불에 올려 펄펄 끓이기 ➡ 밀가루 즉시 넣고 빠르게 젖기 ➡ 한 김 식힌 후, 달걀 조금씩 넣고 혼합(되기 조절) ➡ 철판에 둥근깍지를 사용하여 직경 3cm의 원형으로 짜기 ➡ 물 분무 후 굽기(200℃/180℃, 5분 후 180℃/160℃로 내려 20분 정도 더 굽기) ➡ 바닥이나 옆면 구멍 내기 ➡ 커스터드 크림 충전

제과편 unit 016
다쿠와즈

밀가루, 아몬드분말, 분당 체쳐서 혼합하기 ➡ 흰자 풀기 ➡ 설탕을 조금씩 넣으며 100%머랭 올리기 ➡ 가루류와 가볍게 혼합 ➡ 팬에 짤주머니로 채우기 ➡ 윗면 다듬기 ➡ 팬 분리 ➡ 윗면 분당 뿌리기 ➡ 굽기(200℃/150℃, 12~15분 정도) ➡ 바닥에서 떼어 낸 후, 크림 충전하여 2개 샌드

제과편 unit 015
쇼트 브레드 쿠키

마가린, 쇼트닝 풀기 ➡ 설탕, 소금, 물엿 ➡ 달걀 조금씩 넣으며 혼합 ➡ 밀가루, 향 넣고 혼합 ➡ 냉장휴지 ➡ 두께 7mm로 밀어 펴기 ➡ 틀로 찍어내기 ➡ 윗면에 노른자칠 후 포크로 무늬내기 ➡ 굽기(190℃/150℃, 20분 정도)

제과편 unit 018
타르트

[껍질 반죽하기] 버터 풀기 ➡ 설탕, 소금 혼합 ➡ 달걀 조금씩 넣으며 혼합 ➡ 밀가루 넣고 혼합 ➡ 비닐에 싸서 냉장휴지

[크림제조] 버터 풀기 ➡ 설탕, 소금 혼합 ➡ 달걀 조금씩 넣으며 혼합 ➡ 아몬드가루 넣고 혼합 ➡ 브랜디 혼합 껍질 반죽 두께 3mm로 밀어 펴 팬에 두르기 ➡ 포크로 바닥 구멍내기 ➡ 아몬드 크림 충전 ➡ 아몬드 토핑 ➡ 굽기(180℃/200℃ 20~25분 정도) ➡ 팬 분리 ➡ 애프리코트혼당 + 물 끓인 후 윗면에 바르기

제과편 unit 017
마드레느

밀가루, 베이킹파우더 체치고 설탕, 소금과 혼합 ➡ 달걀 풀어서 넣고 잘 혼합 ➡ 레몬껍질 ➡ 용해 버터 넣고 매끈하게 혼합 ➡ 온도 재기 ➡ 실온휴지 20분 ➡ 짤주머니 사용하여 팬에 80% 채우기 ➡ 굽기(180℃/160℃, 20분 정도)

제빵편 unit 001
식빵(비상스트레이트법)

제빵편 unit 002
우유 식빵

제빵편 unit 003
풀만 식빵

제빵편 unit 004
옥수수 식빵

제빵편 unit 005
버터톱 식빵

제빵편 unit 006
밤 식빵

제빵편 unit 002 — 우유 식빵

① 믹싱 : 최종단계
② 1차 발효
③ 분할 : 180g → 둥글리기 → 중간 발효
④ 성형 : 산형(3개 패닝)
⑤ 2차 발효 : 팬 높이 100%
⑥ 굽기 : 윗불 170~180℃, 아랫불 190~200℃에서 30분 정도

제빵편 unit 001 — 식빵 (비상스트레이트법)

① 믹싱 : 최종단계 후기
② 1차 발효 : 15~30분
③ 분할 : 170g → 둥글리기 → 중간 발효
④ 성형 : 산형 (3개 패닝)
⑤ 2차 발효 : 팬 높이의 90%까지
⑥ 굽기 : 윗불 170~180℃, 아랫불 190~200℃에서 30분 정도

제빵편 unit 004 — 옥수수 식빵

① 믹싱 : 최종단계 전기 (오버믹싱 주의)
② 1차 발효
③ 분할 : 180g → 둥글리기 → 중간 발효
④ 성형 : 산형 (3개 패닝)
⑤ 2차 발효 : 팬 위 1cm
⑥ 굽기 : 윗불 170~180℃, 아랫불 190~200℃에서 30분 정도

제빵편 unit 003 — 풀만 식빵

① 믹싱 : 최종단계
② 1차 발효
③ 분할 : 250g → 둥글리기 → 중간 발효
④ 성형 : 밀기 → 말기 → 봉하기 (2개 패닝)
⑤ 2차 발효 : 팬 아래 0.5cm → 뚜껑덮기
⑥ 굽기 : 윗불 190~200℃, 아랫불 190~200℃에서 40~50분 정도

제빵편 unit 006 — 밤 식빵

① 믹싱 : 최종단계
② 1차 발효
③ 토핑 제조 : 크림법 (마가린 → 설탕, 소금 → 달걀 → 가루류)
④ 분할 : 450g → 둥글리기 → 중간 발효
⑤ 성형 : 원로프형 (길게 밀어 펴 밤 80g 충전하여 말기)
⑥ 2차 발효 : 팬 아래 1cm → 토핑 3줄짜기 → 아몬드 슬라이스 뿌리기
⑦ 굽기 : 윗불 170~180℃, 아랫불 190~200℃에서 25분 정도

제빵편 unit 005 — 버터톱 식빵

① 믹싱 : 최종단계
② 1차 발효
③ 분할 : 460g → 둥글리기 → 중간 발효
④ 성형 : 원로프형 (길게 밀어 펴 한덩어리로 말기)
⑤ 2차 발효 : 팬 아래 0.5~1cm → 0.3cm의 깊이로 일자로 칼집내기 → 버터 토핑
⑥ 굽기 : 윗불 170~180℃, 아랫불 190~200℃에서 25분 정도

제빵편 unit 007
호밀빵

제빵편 unit 008
통밀빵

제빵편 unit 009
단과자빵 (트위스트형)

제빵편 unit 010
단과자빵 (소보로빵)

제빵편 unit 011
단과자빵 (크림빵)

제빵편 unit 012
단팥빵 (비상스트레이트법)

제빵편 unit 008
통밀빵

① 믹싱 : 최종전기단계
② 1차발효
③ 분할 : 200g → 둥글리기 → 중간 발효
④ 성형 : 밀대(봉)형(22~23cm) → 반죽 표면에 물 바르기 → 오트밀 묻히기
⑤ 2차발효 : 25~30분
⑥ 굽기 : 윗불 200℃, 아랫불 160℃에서 20분 정도

제빵편 unit 007
호밀빵

① 믹싱 : 최종전기단계
② 1차 발효
③ 분할 : 330g → 둥글리기 → 중간 발효
④ 성형 : 타원형 (럭비공 모양)
⑤ 2차 발효 : 30~40분 → 일자로 칼집내기 → 스프레이 물 분무
⑥ 굽기 : 윗불 200℃, 아랫불 180℃ 20분 후 윗불 180℃, 아랫불 160℃에서 10분 정도

제빵편 unit 010
단과자빵(소보로빵)

① 믹싱 : 최종단계
② 1차 발효
③ 토핑 제조 : 크림법(마가린+땅콩버터 → 설탕+물엿, 소금 → 달걀 → 가루류 넣고 보슬보슬한 상태)
④ 분할 : 50g → 둥글리기 → 중간 발효
⑤ 성형 : 재둥글리기 후, 소보로 찍기
⑥ 2차 발효
⑦ 굽기 : 윗불 190℃, 아랫불 150℃에서 15분 정도

제빵편 unit 009
단과자빵(트위스트형)

① 믹싱 : 최종단계
② 1차 발효
③ 분할 : 50g → 둥글리기 → 중간 발효
④ 성형 : 8자형, 달팽이형
⑤ 2차 발효
⑥ 굽기 : 윗불 190℃, 아랫불 150℃에서 12~15분 정도

제빵편 unit 012
단팥빵 (비상스트레이트법)

① 믹싱 : 최종단계보다 20~25% 더 혼합
② 1차 발효 : 15~30분
③ 분할 : 50g → 둥 글리기 → 중간 발효
④ 성형 : 가스를 빼고 앙금 40g 충전 → 패닝 → 목란으로 눌러주기
⑤ 2차 발효
⑥ 굽기 : 윗불 190℃, 아랫불 160℃에서 15분 정도

제빵편 unit 011
단과자빵(크림빵)

① 믹싱 : 최종단계
② 1차 발효
③ 분할 : 45g → 둥글리기 → 중간 발효
④ 성형
  ㉠ 반달형 : 타원형으로 밀어 펴 식용유칠 → 반으로 접어 패닝
  ㉡ 크림충전형 : 타원형으로 밀어 펴 중앙에 30g 크림 충전 → 반으로 접어 칼집 5군데
⑤ 2차 발효
⑥ 굽기 : 윗불 180℃, 아랫불 150℃에서 12~15분 정도

제빵편 — unit 013
버터롤

제빵편 — unit 014
스위트롤

제빵편 — unit 015
빵 도넛

제빵편 — unit 016
그리시니

제빵편 — unit 017
모카빵

제빵편 — unit 018
베이글

제빵편 unit 014 스위트롤

① 믹싱 : 최종단계
② 1차 발효
③ 분할 : 2등분 → 둥글리기 → 중간 발효
④ 정형 : 세로 30cm, 두께 0.5cm 밀기
⑤ 성형
  ㉠ 야자잎형 : 3cm 2등분
  ㉡ 트리플 리프형 : 5cm 3등분
⑥ 2차 발효
⑦ 굽기 : 윗불 190℃, 아랫불 150℃에서 12~15분 정도

제빵편 unit 013 버터롤

① 믹싱 : 최종단계
② 1차 발효
③ 분할 : 50g → 둥글리기 → 중간 발효
④ 성형 : 올챙이모양 → 주걱모양으로 밀기 → 말기 (번데기 모양)
⑤ 2차 발효
⑥ 굽기 : 윗불 190℃, 아랫불 150℃에서 12~15분 정도

제빵편 unit 016 그리시니

① 믹싱 : 최종전기단계
② 1차 발효 : 30분
③ 분할 : 30g → 둥글리기 → 중간 발효
④ 성형 : 35~40cm 길이로 밀기
⑤ 2차 발효
⑥ 굽기 : 윗불 190℃, 아랫불 150℃에서 20분 정도

제빵편 unit 015 빵 도넛

① 믹싱 : 최종단계
② 1차 발효
③ 분할 : 46g → 둥글리기 → 중간 발효
③ 성형
  ㉠ 8자형 : 30cm 밀어 꼬기
  ㉡ 트위스트형(꽈배기형) : 25cm 밀어 꼬기
④ 2차 발효 : 20분 → 표면 건조 후 180~185℃의 기름에 2~3분 튀기기

제빵편 unit 018 베이글

① 믹싱 : 최종전기단계
② 1차 발효
③ 분할 : 80g → 둥글리기 → 중간 발효
④ 성형 : 링 모양
⑤ 2차 발효 : 20분 → 데치기
⑥ 굽기 : 윗불 200~210℃, 아랫불 170~180℃에서 20분 정도

제빵편 unit 017 모카빵

① 믹싱 : 최종단계 → 건포도 저속 혼합
② 1차 발효
③ 토핑 제조 : 크림법(버터 → 설탕, 소금 → 달걀 → 가루류 → 우유) → 냉장휴지 → 100g 분할
④ 분할 : 250g → 둥글리기 → 중간 발효
⑤ 성형 : 타원형(럭비공형) → 토핑 밀어 펴 윗면에 씌우기
⑥ 2차 발효
⑦ 굽기 : 윗불 180℃, 아랫불 160℃에서 25~30분